AI
時代的
教與學
TEACHING
AI
EXPLORING NEW FRONTIERS
FOR LEARNING
探索學習新疆界

蜜雪兒‧齊默曼

著

江坤山

譯

MICHELLE
ZIMMERMAN

目次

推薦序　　學會用對AI，創造師生雙贏的教育現場　潘先國　　004

導讀1　　打開潘朵拉的盒子：人工智慧教與學的省思　王鼎中　　008

導讀2　　幫助未來人才成就更美好的世界　李紋勝　　013

作者專訪　將科技融入教與學，帶起每一個孩子　　020

如何使用本書　　027

前　言　　028

第一章

什麼是AI

049

第二章

幫助學生為未來做好準備

081

第三章

利用AI的教學方法

121

第四章

AI如何支持學生學習

183

第五章

AI如何支持教師教學

219

第六章

AI的倫理考量

253

結　論　我們的忠告：求真務實　　　　　　　281

附　錄　學生版ISTE標準（2016版）　　　　287

謝　辭　　　　　　　　　　　　　　　　292

關於ISTE　　　　　　　　　　　　　　297

名詞解釋　　　　　　　　　　　　　　299

各章參考書目　　　　　　　　　　　　311

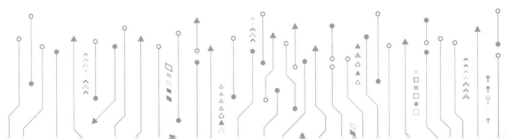

推薦序

學會用對AI，創造師生雙贏的教育現場

潘先國（台灣微軟公共業務事務群總經理）

2019年4月26日，令我難以忘懷的一幕，是我邀請本書作者蜜雪兒・齊默曼（Michelle Zimmerman）參加位於高雄展覽館舉辦的微軟教育高峰論壇，她以「Teaching AI: Exploring New Frontiers for Learning」為題，在台上進行專題演講，當提到孩子們未來的挑戰，激動落下眼淚的畫面讓我為之動容，並深刻感受到她深切渴望幫助教育工作者透過科技，協助學生發揮潛能，並利用數位教育讓孩子們翻轉未來並成就非凡。

回想到2018年的冬天，30名台灣的候用校長與台灣微軟的同事們，踏入位於西雅圖近郊由蜜雪兒擔任校長的倫頓基督教學校（Renton Prep Christian School）取經。校園內處處可見別具巧思的設計，適合學生進行討論與思考的沙發和角落，走沒幾步路就會看見兩、三個孩子們隨地而坐，共同進行創作的溫馨景象。

在這間學校裡，從幼兒到高中，時常讓學生進行混齡課程，課程內容及設計則多為跨領域的主題式STEAM（Science、Technology、Engineering、Art、Mathematics）學習，其中特別強調設計思考與實作，學生普遍在高二會依照個人化的學習節奏完成所有課程，其中有大多數學生都進入了美國頂尖大學。實際去了解學生的背景，發現八成的學生家庭是弱勢族群且經濟狀況不理想，那麼是什麼樣的教學方式，讓家庭資源有限的學生們能開創出不一樣的未來？

以音樂主題課程為例，其中一個課程模組是這樣的：老師一開始帶學生感受音樂的不同調性，並解說課程資源與學習目標為何，在接下來的兩個星期內，學生透過小組合作，用音樂軟體創造出屬於自己的旋律，結合擴增實境（Augmented Reality，簡稱AR）的新興科技技術，在虛擬的樂器進行演奏後，把這段旋律放置在小組製作的科學專題微電影中。

不僅是音樂課，各式各樣的教學活動與學習過程皆串聯資訊科技，學校的教師們不斷精進自身的資訊科技素養，持續的擁抱世界潮流與科技帶來的改變，並不停的審視課程設計與轉變教學方法，才能讓學生們的潛能與創意得以發揮。

此外，以學生為課程的主要核心，而不是強調最頂尖的硬體設備，或是最大量的知識內容，這樣的教學特色使倫頓基督教學校的學生在學習的過程中，培養資訊素養、鍛鍊邏輯思維

的能力、構建解決問題的思考模式，並促進團隊合作。

在西雅圖旗艦學校倫頓基督教學校所看到的一幕幕場景，Michelle 濃縮成這本精華《AI時代的教與學：探索學習新疆界》。面對AI時代，許多家長害怕孩子的未來被機器取代，但我們該清楚知道的事情是：人類許多能力是AI不能取代的，例如創造力（Creativity）、好奇心（Curiosity）、批判性思考（Critical Thinking）、協調（Collaboration）、關懷（Care）和同理心（Empathy）。

迎向AI時代，孩子們要培養的是資訊素養、問出對的問題，並學習善用資訊科技解決問題的能力。如此才能真正的將資訊科技帶給孩子們更多探索知識與學習的機會，培育下一代成為未來的人才。

微軟在教育領域的投入一向不遺餘力，協助教育工作者與學生們透過科技進行有效的學習與創新，科技能夠讓老師無論是在教室或遠端教學使所有學生獲得更好的學習成果。在新課綱上路以及全球科技突破的重要變革時期，台灣微軟響應教育部，快速整合數位資源，將 Office 365 雲端科技與教育部雲端帳號 Open ID 進行整合，全台從國小到高中的 250 萬名學生與 20 萬名老師，都能透過教育部的雲端帳號，免費使用近百種的微軟雲端工具，幫助學生在新的教育政策下，能完整的記錄學習歷程並且學習不中斷，更能支援教育工作者，提升教學的

品質與效能。

透過這本書能讓讀者深入了解，如何透過AI協助教育工作者創造更高的教學成果，讓家長懂得將科技有效的應用在孩子的學習當中，並且幫助教師擘劃具系統性的教學策略與全盤規劃。

這樣的轉變能夠大幅影響我們下一代的學習，身為教育工作者，我們能為孩子們引路，不能代替他們走路，我們期望透過AI打造出能成就每一位學生未來夢想的道路。

導讀 1

打開潘朵拉的盒子
── 人工智慧教與學的省思

王鼎中（建國中學資訊科教師）

　　1989年上映的電影《回到未來2》，描述1985年的主角人物來到三十年後的2015年，置身於被科技包圍的生活中：路上跑的是使用環保能源的懸浮汽車，身上穿的是可以依體型自動調整的衣物，電影院的海報看板是立體的「全息影像」……。這些科技電影中的場景，卻極有可能在不久的將來成為我們生活的日常。

　　我們藉著電影幻想一個酷炫的三十年，而今，二十一世紀過了五分之一，我們已經來到比《回到未來2》更往前的未來年代，如果再往前推三十年，三十年後，又是如何的光景？眼前的這群學生，三十年後正是社會的中堅份子，他們要面對的，是一個怎樣的世界？人工智慧發展現況已是一日千里，我們可以輕易想像出，未來勢必是一個充滿AI的世界。因此，我們必須引導青年學子勾畫未來的模樣，學習如何和AI 共

處，同時在充滿AI的環境中，以其為利器，思考並完成各種事情。陪伴學生因應千萬種變化可能的未來，是身為中生代的我們責無旁貸必須交付給他們的另類薪火。

回顧多年來，在指導學生進行專題研究及辦理AI教師增能研習的經驗中，深感目前大家對AI的概念仍著重於知識與技術的學習，如此應用於現實生活中，未免仍感覺隔一層。其實AI的學習不一定僅局限於程式設計，而可以透過不同的活動設計，使其概念更鮮活清晰，對人工智慧的特長與限制有所認知，藉由省思議題的引導，擴展學生思考空間，孕育出發展或運用AI所需具備的人文素養、文化關懷與倫理意識。

蜜雪兒・齊默曼校長以實際教學經驗寫成的《AI時代的教與學：探索學習新疆界》，正是一本為科技世代所寫的實用書籍。不論是不熟悉AI或是早已對AI熟稔於心的學習者與教育工作者，這本書都能帶給人更進一步的科技學習認知，並且延伸反思人工智慧的社會文化意涵。作者從「教」與「學」兩個面向切入，運用小故事的陳述方式，深入淺出的讓我們知道AI可以為教學及學習提供哪些助力。

AI並不是資訊老師的專利，有效利用AI，使之成為教學的輔助小老師，教師可以不再只是講台上單打獨鬥的講授者，讓機器的自動化特質接管比較重複單一的教學任務，教師得以專注在更高層次的教學工作上，發展有效的詢問策略、個別化

學習的引導、跨領域的學習規劃、文化倫理層面議題的思辨等，當教師與 AI 並肩工作，更能提升學生整體學習成效。

此書為第一線的教師提供了許多實際合用的教學資源，包括教學活動設計，如以延伸曲線活動培養創意思考、以虛構的影片凸顯資訊識讀的重要等；線上資源的連結，如網站平台、事件報導、參考資料等；教學工具的引介，如「ALEKS」、「Sway」、「Microsoft Teams」等，可說是一個教學活動的資源寶庫。

機器學習在很多特定領域上，已經展現極佳的成果，甚至超越人類的表現（如：AlphaGo 擊敗世界圍棋高手），我們要做的不是恐慌於即將被機器取代，而是著重在培養人類凌駕於其他生物的珍貴特質，因為那是人工智慧尚無法達到的部分，如：好奇、創意、對事物的聯想連結。因而，能激發創意的教學特別重要，經由設計思考的方式，引導學生由觀察、同理、設計、創造、測試等過程，培養出具有人文思維的創造力。AI 浪潮襲來，也許正是將我們推向另一個學習高峰的契機。

此書亦可激發教育政策規劃者擘劃政策方針的思考。書中簡要說明 AI 的最新進展，佐以大量影片連結、資源連結以及最新研究報告，展現 AI 在材料科學、國防領域、生物醫學、人際溝通等領域的最新研究與進展。作者也拋出許多關於 AI 的議題：為什麼我們要學 AI、學什麼？面對未來的 AI 生活，

應該提前做什麼準備？ 發展科技教育的同時，如何兼顧文化、倫理的涵養？種種議題都提醒著我們，放大格局思考，讓制度跟上科技創新的腳步，做出對全體社會有益的長遠規劃。

即使你不是學生，也非老師，這本書也會對你有益。科技發展的列車如光速般奔馳，現代人家裡有掃地機器人，出門有自駕車代步，網路購物時自動跳出推薦等等，我們必須思考，自己的控制權、隱私權是否也在享受科技便利的同時交付出去，不知不覺中成為與魔鬼的交易。而網路霸凌與攻擊事件的層出不窮，也使我們領悟到：正如水能載舟，水亦能覆舟，科技帶給我們人類文明前所未有的舒適生活，然而，若沒有相對應的倫理素養，未能以正確的態度看待它、使用它，最終人將未蒙其利，而為其反噬。

有一句耳熟能詳的廣告詞，是這麼提醒我們的：「科技，始終來自人性。」在某種程度上，人工智慧複製自人類智慧，設計與使用這些智慧的人類應該把道德和倫理的這把尺掌握好，避免一些不當或偏頗的資料可能經由機器學習放大資料偏見，因而產生不良的後果。此書特別提醒教育工作者，培養學生對資料及資料來源永遠抱持探索、質疑的態度，是一件必要的事。

科技是人類學習與生活的羽翼，而不是宰制人的惡獸。這本書不時提醒我們這件事，並介紹許多相關影片提供延伸思考

觸發，這是我認為相當發人深省的部分。如何善用科技、辨識問題，採行必要保護措施等，是現代人無可迴避的課題。

作者領導的學校，早在十年前便已建置遠距教學，因而在新冠肺炎肆虐的危機中，成為全美停課不停學的典範。疫情威脅時刻，對於人類的科技文明，特別引人有所感觸：我們的世界充滿各種超出想像範圍的可能，也充滿各種不可知的變數，如果我們能對科技的想像保有彈性，持續探索，科技列車將承載我們駛向更光明美好的遠方。願你開啟了這本書，也拿到了啟動 AI 奧祕的鑰匙。

幫助未來人才成就更美好的世界

李紋勝（高雄旗山國小校長、微軟全球創新菁英教師）

「這本書的重點是人性！」作者蜜雪兒·齊默曼以這句話為全書的核心精神做了注解。作者在本書中的每個開頭篇章，運用故事引導讀者進入AI教育的世界，場景遍及幼兒、小學、中學的學習現場，更不乏對未來職場的想像及教師的工作情境。

談AI科技，為什麼要講故事？或者說，AI可以講故事，但AI是否可以像一位智慧的長者，對著不同的年輕人，說一個讓對方理解頓悟的寓言故事呢？讀者可以在閱讀本書之後找到答案！

作者用心鋪陳及分享她所經歷的AI科技發展歷程與心得，而她所描述的學習、教學現場故事，更是啟發她投入教育的初心，不論讀者對AI領域涉入的程度或深或淺，時間或長或短，都能從書中獲得AI時代教與學的反饋。

認識 AI 的能與不能

　　人機互動模式的有限性、AI 發展至今的脈絡，使得人們誤用現代科技教育學習，提到 AI，也局限在機器人的應用。然而，AI 的精神強調「以人為本」的人性化介面操作。

　　書中從 AI 的三大子領域：認知系統、機器學習及機器人學，搭配現今各領域大量運用 AI 技術的成果與現象，引領讀者理解 AI 的初始面貌。

　　對於當前無法窺見的 AI 全貌，因而對 AI 所產生的偏見，例如未來的世界將由機器人掌管的恐懼等，作者運用影片賞析，以她所擅長的關鍵提問，引領讀者深層思辨 AI 所帶來的倫理道德議題。

　　書中更提及，AI 的蓬勃發展對於教育界來說任重道遠。在 AI 時代中，如何透過教育，維持社會的倫理價值？或因著科技發展導致人類的情緒缺失，或競逐科技而忽略傳統文化價值……，這些因著 AI 帶來的議題，人們終究需要面對，並且尋找與 AI 共存、保存人類最珍貴特性的發展之路。

理解學生和AI的學習方式差異

這一代的小孩將是AI時代的成人，他們的職場與AI密切關聯，未來的職場甚至因著AI而創造出許多新興的工作，作者在書中闡述「人類學習」與「AI」的異同，相似之處為「重複性」的表徵，卻又不盡相同，相異之處則為學習知識的遷移，這是人類專屬的學習樣態。

舉凡人類及社會結構獨有的特質，例如情緒、社會脈絡等，是機器無法模擬學習而得，但機器學習仍是未來推動AI最重要的途徑之一，作者列出5個企業及可能的職業途徑，分析AI對未來職場帶來的變貌，並探討職業中所應用的AI元素，如演算法，數學工程材料等學科應用，及機器學習7步驟轉化成AI的成果。

教育工作者應掌握AI可執行的任務，了解人類專屬不可取代的學習特質，給予學生正向的價值引導，保有人類社會倫理標準，才能培育觀念正確的AI世代。

根據學生所處的 AI 未來，釐清此刻的教育目標

人類文明的發展，科技將扮演關鍵角色，我們必須思辨人與機器本質的不同，否則 AI 應用的結果會是：AI 愈來愈像人類，而人類因為要趕上 AI 發展的速度，反而要向 AI 系統學習思考。

因此，作者提供教育工作者具體的指引，使用科技「支持」課程，而非讓科技「支配」課程。跟上 AI 世代潮流的同時，教師也需要支持學生保有彈性，能夠適應改變。

例如，引導學生設計思考（含視覺思考），並加入 STEM 的應用學習，結合藝術的媒介呈現創意，理解「限制」反而是發明與發現的驅動力。

目前 AI 的發展仍然處在理論階段，書中的課堂應用依循國際教育科技學會（The International Society for Technology in Education，簡稱 ISTE）的標準，提出了面向 AI 時代，此時的教育工作者應培養學生成為有能力的學習者、數位公民、知識建構者、創意溝通者及全球合作者，並且透過倫理學來支持學生的學習。

教育導入AI，旨在完成人類做不到的事

　　現代人機互動緊密而不可分割，人類學習的核心始終來自人性，是社會與文化持續不斷的過程，人性也是人類獨有特質。而機器學習皆因某種人際關係而開始。

　　書中提出，人與動物與生俱來的智慧，而AI機器則是嘗試複製或增加人類的智慧，在教育的過程中使用AI，目的是完成人類做不到的事及單純複製智慧，身為教育工作者的AI思維，則是主張「準備辨認目前AI能力，並在其限制方面維持透明」，幫助學生在充滿AI的未來世界做好準備。

　　作者提出學習AI途徑可從「說故事」、「個人化學習」、「差異化教學」與「機器人學」來進行，這些途徑強調人性獨有的特質，即便仿生的機器學習模組，都不應只落入記憶與重複的作為，也因此再延伸看見STEM職業的多樣性與性別平等，教育應期待AI的圖像風景，而非只是單一產業的AI發展或是刻板的男性領導研究，視野有多寬，未來就有多美麗。

使用AI發展人際學習

　　AI的發展讓人類的生活更聰明，而非事倍功半。作者提

出，使用科技學習，可能忽略人際互動，但科技也能提供支持學習的社會文化功能，例如教育工作者專業社群的應用，因著數位功能，增加社群的活化與發展。

此外，重複性的工作可以交給科技，教育工作者即能擁有更多的時間與空間發展創意。

作者認為，社會文化脈絡能夠引領AI發展更多連結人群的應用，更能產生新的教育樣態，例如數位時代的師徒制、評量工具的選擇等，她也請全球教育工作者持續使用高感性及高科技的原則讓學生適應未來的變遷，及加速AI的發展。

幫助每個學生成就世界的美好

追求科技快速發展的時代，AI是要帶領全體人類往更美好世界？還是一分為二的平行時空？科技會擴大人類的特質，加速、增強與放大我們做事的方式，我們享受科技甜美果實的同時，也產生許多負面效應，例如對控制權的喪失、隱私權的喪失、面臨網路霸凌及攻擊。

作者揭露了「保護性法律遠落後於技術創新」的真相，再加上AI創造的同時，它可能變得跟人類行為一樣，是不可預測的。身為教育工作者，面對教育現場或每一次教育行為機會

產生時，教導下一代「年輕人」是如此重要，因為與AI設計、相處的未來，是年輕世代所行及所負責的！

教育重要焦點應鎖定「法律與規定」、「培養AI使用者和未來研發人員的倫理道德行為」，教育工作者自我期許是：讓每個學生都成為促使世界更美好的公民，儘管只是一個微不足道的動作，但別人卻因你的行為而使他的世界美好 。

作者專訪

將科技融入教與學，帶起每一個孩子

從2020年3月中旬美國各地有學校開始停課、陸續轉為遠距學習以來，位於西雅圖近郊的倫頓基督教學校（Renton Prep Christian School）校長蜜雪兒・齊默曼每天都工作18小時到20個小時。一方面是因為這所學校雖然在2009年就建置好遠距教學的種種準備，但在真正實施時，仍有許多地方需要依情況持續調整；另一方面，其他突然要展開遠距學習的學校，也從四面八方透過電話、視訊、郵件前來求救，請教他們的經驗。

倫頓基督教學校是一所從幼兒園到十年級、有220個學生的私立學校。它是微軟在全球21所、全美只有3所的旗艦學校之一，幾乎每個月都有全校大型的人文藝術主題活動，不僅科技運用走在教育界之先，也信守人文與關懷等恆久價值，是華盛頓州唯一一所獲得全球最大學校認證組織Cognia在進階STEM教育認證的中小學。遠道前來取經的包括巴西、塞爾維亞、紐西蘭、日本、台灣等。

曾經來過台灣、學習科學博士、兼具理性與感性的齊默曼，將她領導教育轉型的經驗與心路歷程寫成本書，同時在

COVID-19新冠肺炎的嚴峻疫情與忙碌行程中，特別挪出時間
接受《親子天下》專訪。

**Q：你們在2009年就建置好遠距教學的能力，最近停課
期間，還是不斷在優化和調整，為什麼？**

A：我們十多年前建置遠距學習，還有這些年來的不斷轉型，
就是為了預備面對沒有遇過、未知的事情，這次的疫情就是一
個例子。我們的老師、學生，的確對於運用視訊、遠距學習不
陌生，但是當情況變成全部都在家遠距學習時，就變成另一件
完全不同的事了。

　　例如，過去的遠距教學，可能是播放事先錄好的影片，可
是孩子如果整天在家裡看影片，會很無聊，沒辦法激發他們學
習的動機，也會扼殺他們學習的興趣。所以我們就要設計很多
不同的表達方式、互動的機會，讓孩子有興趣、專注。

　　像是模擬用太空人跟他們講話的方式來看外太空，練習在
家用家裡的家具、毯子等道具虛擬露營，或是主題變裝活動，
輪流朗讀和討論，也一樣有藝術創作，然後透過視訊跟大家分
享和討論，讓遠距教學有趣，不是靜靜坐著看螢幕。

　　我們也會確認學生懂不懂？是不是跟得上？不是廣泛的問
一次：「大家還好嗎？請大家有問題來找我們。」而是一一打
電話給每一個學生跟家長，特別是在課堂上安靜的孩子，問

他們：「還好嗎？需不需要什麼幫忙？」然後跟老師、家長討論，大家一起來努力。

無論是老師、學生、家長，都有挫折的時候，也發現有些事情需要調整。所以我們不斷在進行新的嘗試，找到大家都覺得不錯的共同點，可以當作基準，藉此發揮更好的效果。

Q：在推動科技運用時，怎麼兼顧科技與人文？

A：我們一直堅持，在推動科技時，要把人的連結放在第一優先，思考對人的影響。所以，我們運用設計思考（Design Thinking）的原則，是從同理心出發，定義好問題跟目標，創造與設計原型，而且要不斷測試跟調整，確保有照顧到脆弱、需要幫助的人。

如果用遠距教學這個例子，就是要確保我們沒有漏掉任何一個孩子，而且不只是學習課業知識，還要照顧到情感和社交層面。我希望同事們在線上跟學生實際互動，而不是錄好影片放在網路上，讓學生依個人的步調自主學習。那樣做沒有什麼錯，但是比較適合有家長幫助，或是自發性比較高的學生。而且，如果都倚賴自主學習，會缺乏人際互動與連結，也會忽略學生在情緒與社交上的學習和發展需要。

我們要一直跟學生保持連結，思考每一個科技運用對人的影響。所以我們不會直接給學生一些工作表單或是選擇題，叫

學生自己學習，請家長自己想辦法讓孩子跟得上，要大家各顯神通。我們要好好服務、照顧這些家庭，不能夠自顧自的往前走，而是要提供簡易又好用的使用者經驗，大家一起向前走。

Q：把科技用在教育上，要改變學校的文化與思維，你怎麼帶領大家改變？

A：這是個很好的問題，問題真的不是只有教大家怎麼用科技而已。

一開始，我沒有想到那麼大、那麼全面。現在回頭看，我覺得最有效的，是從小地方開始做。例如，從在學生做報告時，用打字、而不是寫字開始，光是做報告，就可以有很多新的科技工具，一項一項的加進來。後來，我們也讓大家接觸到語言翻譯的厲害，大家發現，運用這樣的科技，可以使很多東西讓更多使用不同語言的人理解，接觸到更多讀者、聽眾、觀眾。就這樣，一一的接觸、引進，讓大家學習、嘗試可以怎麼用，也慢慢擴展到大家原本以為比較不會運用到科技的科目，例如語言。

熟悉我們的人都知道，我們一直在轉型，不只是改善傳統的教學模式而已。重點不是在運用什麼科技工具。我們是引導團隊不斷經歷跟思考，下一個階段的挑戰，有哪些創意做法？可以在以人為本的層次上增進連結，跨越實體距離維持人際關

係，在各種學習中內建社交與情緒學習的要素，而且在不同的年級、年齡層都要很一致的這樣做，把大家凝聚起來。

我們提供老師訓練，並且要求他們要自我挑戰，不是日復一日都守著一樣的方法教學生。一直跟我們在一起的教職員，都是有彈性、願意改變的人。有人說我們很瘋狂，但我們真的下了很多功夫，從資料跟媒體的法規相關事務、各種有助人們連結與創意的工具，到不斷練習與修改，直到得到我們想要的結果，否則不會放棄。

Q：老師、學生最令你感到驕傲的是？

A：學生很願意嘗試新的事物，願意持續的修改，即使失敗也不害怕，而且願意求救。因為他們知道，很多事情很難第一次就做得很完美。而且在學習的過程中，他們很願意彼此分享經驗，展現高度的同理心。

老師們也一樣，他們會坦誠的讓學生知道學習的過程。另外，他們更會運用設計思考，不斷展現關懷人群、人文精神。

Q：同理心的例子有哪些？

A：每個人對科技的認識、熟練的程度不同，我看到比較大的孩子，在跟比較低年級的孩子一起學習，會幫助他們，而且是用很能理解對方處境、和善的態度，也會安慰他們。他們會彼

此挑戰怎麼做得更好，但也會幫助對方，就像師父帶新手一樣的精神。

透過科技，他們也有機會接觸到更多國外的資訊，知道全球各地各有不同的挑戰，所以也會表達關心，想要幫助別人，甚至想到要運用科技辦募款活動。我原來沒有想到要用科技做這麼多。我覺得人是最重要的，要盡量在不同的考量中求平衡，讓大家看到兼顧科技與人性是可能的。

我覺得最大的收穫，跟學業成績沒有關係，而是看到孩子們對別人展現同情心，而且很努力的去幫助別人。長期而言，這也讓我們可以幫助大家面對、度過人生的變化，而不是只會使用某些科技工具。

Q：AI 在教育上有哪些新的進展？

A：從六〇年代起，大家對AI有很高的期待，但後來和實情有很大的落差。因為AI牽涉到很多複雜的層面。但是在很多小地方，AI已經很成熟，而且可以發揮很大的幫助。

所以大家不用把AI在教育上的運用想得太大、太遠，或要解決多麼大的事情，而是要界定長期重要的目標是什麼？對人們、文化帶來什麼價值？AI可以如何支持？不然，我們會把資源和學生帶到錯誤的方向。

例如，我們學校在教機器人這件事，不是要老師一步一步

做給學生看，讓學生一步一步跟著做，而是要學生在沒有老師在旁邊教的時候，也能夠自己做得出來。因為人生不會一直有老師在前面帶著你，而且會一直遇到未知、現在想像不到的事情，孩子必須學會在那些情況下也能解決問題、完成目標。

在推廣、試驗的過程，大家都要有同理心，也要卸下原來的自尊或自傲。因為沒有人是完美的，大家都有可以再學習、進步的事情，所以才會有更多創新不斷問世。大家要願意分享，從彼此的經驗和成果中學習。大家也要很透明，才能一起合作提出新東西。大家會有不安、不確定、困窘的時刻，但是要彼此理解與支持。

（本文由親子天下記者黃敦晴採訪整理）

如何使用本書

- 本書集結超過200個線上資源的連結，以及各項教學工具的引介，可做為教學活動的資源寶庫，請掃描右上角行動條碼，盡情探索！

- 書末附有名詞解釋，整理自書中重要觀念與專業術語，能幫助讀者理解AI領域相關詞彙。

- 書中具備以下四大專欄，可做為讀者運用AI於實務工作上的實用指南。

了解AI

　　幫助AI初學者深入理解書中內容的來龍去脈，也可提供專業人士進階閱讀。此外，也提出一些與AI有關的問題做深度思考。

具體範例

　　針對書中主題提供實際可行的具體教學方案，幫助讀者有效運用在課堂教學與日常學習之中。

教學資源

　　書中整理許多AI教學資源，可提供教育工作者自我充電之外，也能彈性運用在課堂教學中，開啟學生對AI的視野。

思考AI

　　針對書中議題提出一些有待討論的問題，目的在讓讀者暫停閱讀，花點時間思考、印證經驗，並嘗試提出自己的解答。

如果你拿起這本書，那就意味著你想投注心力和資源，幫助孩子做好準備，迎向人工智慧（artificial intelligence，簡稱AI）影響力與日俱增的未來世界。

但所謂的AI，到底是什麼呢？目前仍沒有一個定義能夠概括AI的所有可能性，甚至許多說法根本相互矛盾。你可能一方面聽到鑽研AI幾十年的專家表示，AI還不存在，但目前已經具備一些AI運作所需要的要素，而且正持續發展中；但另一方面又看到許多人在媒體上使用AI一詞，來談論特定的應用程式、機器人或電腦系統。這不禁讓人納悶，AI到底存不存在。的確，在這片眾說紛紜的雜音之中，我們實在很難釐清什麼才是AI。

會出現這樣的情況，其實並不令人意外。部分原因在於，隨著新科技的進展與普及，AI的定義也在持續改變。例如，以前有些人認為計算機是AI存在的證據，但我們現在通常將計算機視為一種基本的科技工具，並不覺得它們具備與人類相似的智慧。可以說，AI的認定標準隨科技進步而不斷提高，使得要明確定義AI變得十分困難。

有些人把AI的主要目標定義為「複製人類智慧」；另一些

人則認為，AI的目標是輔助人類智慧，但無法複製或取而代之。對技術目標的不同看法，影響了人們對AI的定義，以及對AI所包含技術的認知。

另一部分原因則在於，人們甚至連什麼是「人類智慧」（human intelligence）都仍爭論不休。這問題不僅困擾著資訊科學界，在生物學或心理學領域也是如此。所謂人類智慧，是指智力測驗所得到的那個分數？還是指學習遷移的能力？或是指社交互動的能力？抑或是進行複雜演算的能力？或者其實存在著多元智慧？如果對於什麼是「人類智慧」都很難達成一致的意見，我們也可以合理假設，機器能力的差異也會導致我們很難取得唯一的AI定義。

關於「人工智慧」是什麼的問題，韋伯字典的定義是：

1. 一個透過電腦模擬人類智慧行為的資訊科學分支。
2. 機器模擬人類智慧行為的能力。

根據以上定義，如果我們可以要求一台機器根據風景照片來進行構思並寫出一首俳句，那麼它似乎就已經具備模仿人類智慧行為的能力。然而事實上，它創作的過程缺乏情緒的感受以及對文化與傳統的認知，因此並非真的能夠模擬人類智慧行為。同樣的，當機器能夠在西洋棋壇大顯身手，卻無法在井字

遊戲這類較為簡單的遊戲中擊敗人類，這意味著機器並不是真的擁有類似於人類的智慧，因為它無法把學習策略從某個遊戲轉移到另一個遊戲。至於撰寫文章時用到的自動校正功能，或許看起來很像是在模擬智慧行為，但它也常常會用一些不貼切的詞語來取代我們原本想說的話，這樣真的是具備智慧嗎？

科技百科（Technopedia）則是將「人工智慧」定義為：「資訊科學的一個領域，著重在創造出能像人類一樣運作與反應的智慧機器」，並列舉出具備人工智慧的電腦所應能進行的活動，例如：

- 語音辨識
- 規劃
- 學習
- 設法解決問題

在撰寫本書的過程中，我常將教育工作者在探索AI世界時所遭遇的諸多困惑，拿來請教AI領域的專家們。長期投入相關主題研究的權威人士們擁有豐富的經驗，總能為我帶來適時的指引及深刻的啟發。

葛爾（Ashok Goel）是美國喬治亞理工學院（Georgia Institute of Technology）互動計算學院（School of Interactive Computing）的資訊與認知科學教授，他同時也是該學院人智計算（Human-Centered Computing）博士學位學程主任，擅

長從「資訊世界」的觀點看待AI。身為創意、學習與認知論壇及互動智慧論壇的協調者，葛爾對於AI如何跟「人類世界」互動提供許多洞見。此外，他過去也曾擔任喬治亞理工學院設計與智慧實驗室（Design & Intelligence Laboratory）及生物靈感設計中心（Center for Biologically Inspired Design）主任，這些經歷都影響他如何看待AI對「實體世界」的衝擊。

葛爾認為，當人們就其自身專業領域角度定義AI時，往往不會將其他領域視為AI不可或缺的一部分。因此，唯有從跨領域的角度加以衡量，涵蓋生物學、資訊科學，到創意與認知等，我們才能獲得較為寬廣的視野，從而看見各領域AI定義間所隱含的交集。葛爾完整而全面的經歷，讓他擁有上述不同於一般專家的獨特洞見，同時也明確解釋為何AI定義會如此分歧，又讓初接觸AI領域的教育工作者深感困惑。

在與葛爾通信往返請益的過程中，他明確告訴我：「通用人工智慧」（artificial general intelligence，簡稱AGI）仍未誕生。截至目前為止，人們還製造不出能夠複製人類智慧的機器。我們還無法讓機器結合人類的互動、推論、處理與反應能力，展現出像人類那樣的情緒與創造力。

葛爾向我分享他創作的視覺圖表，以幫助大家了解該如何整合不同領域的AI觀點。你可以想像一個大圓圈，這代表所有AI的範疇。在這個圓圈裡，一些局部性功能的AI應用

已經存在，而且被廣泛應用於現代生活中，例如：臉書具有臉孔辨識能力，可以判斷照片上的那個人是誰；又如語意網（semantic web）能夠把網頁資訊轉譯成機器能了解的語言。

在這個大圓圈裡又可分為三個較小的圓圈，它們以范恩圖（Venn diagram）般的樣貌彼此交疊（圖1）。

要創造通用人工智慧必須解決一些挑戰，而每一個較小的圓圈都代表目前已知的挑戰面向，分別為：「認知系統」、「機器學習」和「機器人學」。這三個AI面向間的界線並非涇渭分明，有些技術不只符合一種類別，這時它們就會落在小圓圈之間重疊的區域。

● **認知系統**：處理人類世界。例如我們所熟知的聊天機器人；以及像「IBM華生」（IBM Watson）那樣的認知計算系統（cognitive computing system），從健康照護到幫助幼童學習字彙的冷知識遊戲（trivia game）等，已被廣泛運用於各類應用程式中。

● **機器人學**：處理實體世界。讓機器可以到處移動，並與人類互動。其中一個著名的例子是通用汽車（General Motors）和美國航太總署（NASA）共同研發的機器手套，它能有效降低重複性工作對人體的負面影響。

● **機器學習**：處理資訊世界。機器不只能處理大量資料，更能

圖1

AI的不同面向,以及它們如何對應
真實世界(Goel & Davies,2019)

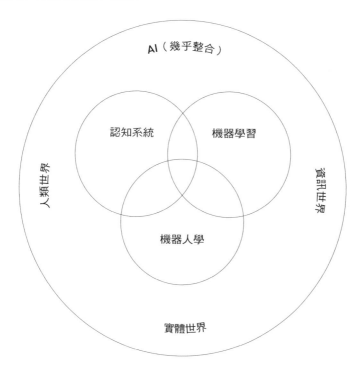

持續增進工作效能。

　　理論上,如果我們能在機器上讓這三個系統彼此整合,而
且知道如何以有意義的方式讓機器彼此溝通、相互學習,我們
就能夠創造通用人工智慧。但葛爾說,一些人開玩笑得稱AI

應該是「幾乎整合」(almost integrated)的縮寫,因為目前還沒有人能搞清楚要如何整合機器人學、認知系統以及機器學習。葛爾也相信自己所創造出的這個圖表可能還缺少一些圓圈,那代表一些還沒發現、但對於真正的通用人工智慧來說是必需的要素。

如果我們只專注在想整合既有的AI元素,就會冒著遺漏其他重要元素的風險,例如認知科學、人類發展,以及社會文化的觀點。微軟共同創辦人艾倫(Paul Allen)曾在文章中主張,探究神經科學中我們尚未知曉的領域,將有助於解決創造AI時所面臨的挑戰。葛爾則認為神經科學觀點有其局限,因為它主要聚焦在了解人類大腦如何運作,但實際上人類所擁有的並非只是各自獨立運作的大腦和身體,我們還能在社會脈絡中進行學習——如同我們將在第二章看到的,人類的學習多數發生在其他人在場時。根據發展分子生物學家麥迪納(John Medina)的說法,人的經驗會影響大腦的連結方式。沒有兩個人的大腦會完全一樣,部分原因就在於每個人都具有獨特的生命經驗。

要明確界定出AI所包含的各種元素並不是件容易的事。例如,在什麼樣的條件下,才可以將一台「機器」視為是「機器人」?「速成教室」(Crash Course)是美國公共電視網(PBS)為各年齡層學習者所推出的一系列教育影片,本書中

將使用他們在影片中所提出的定義。「速成教室」對機器人的定義是：「靠電腦控制自動導引，能執行一系列動作的機器」。我們可以透過以下兩支影片，了解「機器人」與「人工智慧」間的不同。

了解AI

● 「Crash Course#37：機器人」影片中介紹機器人技術的起源，並探討一些已經被廣泛應用於我們日常生活中的控制設計。請見 前言-01

● 「Crash Course#34：機器學習與人工智慧」是一支有關AI和機器學習的影片，從垃圾郵件過濾器、自動駕駛車、尖端的醫療診斷，到即時語言翻譯，我們將從中了解機器如何從資料中學習，並運用這份知識做出預測與決定。請見 前言-02

本書的目標讀者

本書將提供時下教育界與其他領域的專業人士了解並學習使用AI，並運用AI實際運用在培訓人才上，書中所羅列的真實案例，皆已改變人機互動（human-computer interaction）的樣貌。翻開本書的你可能對於AI完全陌生，因而希望透過本書得以入門，又或者你已經學習過、研究或研發AI一段時間。不管如何，以下是我的建議：

如果你是AI新手

如果你是AI新手，並對教育充滿熱情，這本書可以幫助你了解AI的含意、AI已存在於哪些目前你與學生正在使用的科技產品中，以及如何幫助學生為充滿AI的未來做好準備。因為在孩子們未來的職涯歷程中，AI的影響將極為深遠。

當我們引導學生為未來做準備的同時，今天人們習以為常的許多工作，未來將很可能會被電子資訊站、生產線、聊天機器人或神經網路（eural-networks）之類的機器所取代。因此我們所需關注的不僅是讓學生學習編寫程式語言，或是介紹一些可以教他們自己做AI的網站；我們還需要意識到圍繞著AI的諸多社會文化意涵。

我們的學生必須了解到：自己身為人類是怎樣的身分；為何社會、文化和傳統在科技時代裡更顯其重要；如何以尊重的態度對待他人；如何讓自己在機器不擅長的領域變得更強大，並明白如何應用機器來增強人類自身所擁有的能力。學生必須知道如何「學習」（learn）、「歸零」（unlearn），與「再學習」（relearn），以便在快速變遷的就業市場中保持競爭力。透過設計思考（design thinking）、STEM（科學、技術、工程與數學）和專題導向學習（project-based learning）的訓練，可以協助學生發展這種心態。

學生也必須知道如何檢視接收到的觀點，並有意識的尋找

多元觀點以降低某些偏見，盡可能減少偏見被機器學習的力量放大後帶來的負面影響。為此，本書特地強調世界各地不同職場、不同生命階段的人所發出的聲音及觀點。這些人來自世界上不同的角落、擁有各種不同的背景，可以提醒我們多樣性的重要。我們必須努力尋找多元觀點，為學生建立榜樣。

生活在一個充滿AI的世界之中，學生不只必須成為持續學習的人，也必須變成教師：一開始是教其他人，之後則是在訓練機器、與機器互動時，成為機器的教師。未來有志投入AI研發的年輕人，必須具備思考各種重要議題的能力，包括法律保護、倫理考量，以及當機器變得更像人類的時候會發生什麼事。屆時我們該把AI視為「機器」還是「人類」？當我們試圖對AI未來的發展賦予適當規範時，這些思考和對話將至關重要。

未來的職業會變得愈來愈跨領域，學生在工作中可能會涉及AI範疇裡的任一要素，例如機器人學、認知系統，以及機器學習。身為教育工作者，我們應該為孩子示範對於學習與教學的開放態度，而不要自我局限於單一學科領域。我們與機器不同，機器通常只能完成特定領域的工作，但人類不但有能力跨領域學習，還能創造出跨領域的嶄新應用。

透過本書，我們將看到各種職業和實作應用的範例，展現出AI的跨領域特質。在這些案例中，往往以讓人意想不到的

方式連結起藝術、科學、語言學、倫理學與其他各種領域。例如皮克斯動畫工作室（Pixar Animation Studios）在創作動畫電影時，融合了敘事、藝術、數學和資訊科學。透過本書，你的學生也可以使用免費工具練習這種跨領域能力。

這不只是一本關於資訊科學或STEM的書籍，而是一本AI在教學現場的應用指南，幫助教育工作者看見更廣闊的學習圖像、帶領孩子在充滿AI的未來邁向成功。本書藉由世界上各種不同背景專業者之口，以多元觀點述說AI的故事，邀請你建立起AI與自己的連結。這裡提到的故事，不只是要挑戰你身為讀者的既有觀點，也可以用在課堂跟學生進行案例討論。

從這些故事中能夠看出有件事只有人類才能辦到：在看似不相關的領域間建立連結。我們知道文學、語言學、哲學和藝術可以協助我們建立同理心，同時也能培養跨領域的思考方式。雖然機器可以用極高速度處理大量資料，這確實是人類難以匹敵的能力，但人類仍有許多特質是機器所無法取代的。我們可以強化以下的能力，來保持競爭力：

● 透過學習遷移，將知識轉化應用於不同生活情境脈絡。
● 跨領域建立連結，以找出新的解決方案。
● 以創造性的方式傳遞情緒、文化、傳統與有意義的解決方案。

如果你對 AI 不陌生

如果你現在正使用 AI，並對教育充滿熱情，那麼這本書可以協助你激發更多元的創意、創造更多的連結，在你持續開拓人工智慧應用疆域時提供幫助。這本書也會讓你對教育工作者在教室裡會遇到的挑戰更有警覺。正如「設計思考」理論所指出的那樣，設計必須從同理心開始，同理心會引導你去了解並嘗試解決一些和別人有關（但未必和你自己有關）的問題，這將有助於你發現多元觀點。

為什麼你應該讀這本書？

了解 AI 有助於你做出明智的決定，而這些決定將會影響孩子的未來。提起 AI，或許常讓人覺得是個新穎時髦、深奧難懂、只有高階程式設計師才會感興趣的高深專業。但無論大家對程式設計有沒有興趣，AI 跟每個人的生活都有著緊密的關聯。

很多人是透過流行文化慢慢意識到 AI 的存在。例如，電影以影音方式呈現出對於 AI 的想像內容，這種想像通常會讓觀眾好奇未來充滿 AI 的世界會是什麼樣子。這些電影通常把「機器人」和「AI」混為一談，例如《人造意識》（*Ex Machina*,

2015）對於 AI 採取一種警世、反烏托邦的態度，而《大英雄天團》（*Big Hero 6*, 2014）則是想像當 AI 能夠延以先進醫療技術輔助傳統的人類照護系統時，可能會發生什麼事。

事實上，AI 並非只是科幻小說中的臆想，它已經實際上被運用在日常生活中，讓我們在執行任務時能夠更好、更快、更準確。舉例來說，英國奧德黑兒童醫院（Alder Hey Children's Hospital）的醫療創新專案負責人亨尼西（Iain Hennessey）醫師利用「IBM 華生」研發出一款聊天機器人，它能與醫院中的孩童及家長互動、記錄下他們的感覺，並且在病患問問題時給予即時的回應。聊天機器人也為健康照護專業人員提供寶貴的資料，讓他們在後續工作時獲得更詳盡的資訊基礎。

雖然「IBM 華生」的外表跟《大英雄天團》裡想幫忙解決醫療需要的可愛機器人「杯麵」（Baymax）很不一樣，但像這樣的聊天機器人可以做為下一階段醫療創新的跳板。因為這款機器人能蒐集資料、對典型的問題做出回應，讓醫師得以有更多時間專注在更急迫的問題上，並為病人提供更理想的個人化服務。然而，並非所有 AI 都像亨尼西的聊天機器人一樣容易為人所發現。事實上，目前全球各地的人們都在使用 AI 執行基本任務，只是有時他們甚至沒有意識到這件事。這些被我們日常使用、包含了 AI 技術應用的工具包括：

- 數位個人助理，例如蘋果公司（Apple）的「Siri」和亞馬遜（Amazon）的「Alexa」。
- 電玩遊戲。
- 自動駕駛車。
- Target 和亞馬遜等零售商的購買預測功能。
- 銀行用來防止信用卡詐欺的詐欺偵測。
- 線上客戶支援。
- 自動生成簡單運動數據和金融報告的新聞產生器。
- 安全監測。
- Spotify 的音樂推薦服務，以及網飛（Netflix）的電影推薦。
- 智慧家庭裝置與服務。

這一切對孩子們的意義是什麼？未來，他們將生活在一個 AI 影響力與日俱增的世界，他們迫切需要知道與 AI 有關的事。因此，身為教育工作者的我們有義務與責任，去探索究竟該如何將 AI 導入教育活動之中，其中包括：

1. **教學生關於 AI 的種種。**
2. **教學生如何生活在一個 AI 無所不在的世界。**
3. **幫助教育工作者了解如何使用 AI，以輔助或強化教學。**

觀點

　　本書援引各領域專家的看法在探討AI的豐富領域。讀者將會接觸到來自不同國家的全球觀點，包括澳洲、日本和南非等地的研究精華；各國教育工作者的切身經驗；以及往往遭到忽視的學生聲音。

　　卡瑪爾（Ece Kamar）博士身兼微軟的AI開發與研究人員，她強調在軟體設計領域中，使用者的需求與經驗是整個研發活動核心。研究生威爾森（Nile Wilson）也告訴我，他在利用AI為腦機介面（brain-computer interface，簡稱BCI）研發易用性（accessibility）解決方案的過程中，深刻體會把當事人、家庭照護者和醫療專業人員納進來的重要性。在這類的跨領域合作當中，若要成功為人們的問題找到有效的解決方案，設計思考過程中的「同理心」是很重要的元素。當然，對教育活動而言也是如此。

方法

　　有些人喜歡以分析的方法來研究和運用AI，有些人則致力於想像人機互動帶來的情感衝擊。對後者來說，要想像AI在現在和未來如何影響學習者，說故事或許是最合理的方法。AI研究人員尚克（Roger Schank）主張，說故事是我們理解世界、分享有用資訊的主要工具。對於那些喜歡分析方法，或是

沒有太多教學經驗的人來說，書中每章的開場劇、案例研究以及學生的聲音，將為推動AI教育提供多元層面的觀點。換個角度來說，這或許將有助於教師在課程研發週期中，時時關注終端使用者的需求及心聲，或是在課程設計的過程中將新發現的問題納入思考範圍。

學生版ISTE標準

在整本書中，你會看到我們以各種方式反覆提到「學生版ISTE標準」（ISTE Standards for Students）。當討論到AI和「學生版ISTE標準」之間的關係，有時清楚而明顯，但有時則需要透過一連串的反思問題來呈現。讀者可以在本書附錄中找到完整的「學生版ISTE標準」。

公平與道德

在學校教AI的老師們，有時候可能會遇到一些後勤支援上的困擾。如同2018年在德州奧斯丁的研討會上，一位教育工作者問道：

> 「我看到學習AI的價值，但我要如何在缺乏相關背景的學校裡，說服行政單位、家長，以及學生，讓他們做好準備？」

　　要讓學習者為充滿AI的世界做好準備，技術只是其中一個元素。他們還必須培養思考伴隨AI出現的哲學難題與邏輯論證，必須學會如何善於應用AI、發展人類獨特的能力，以執行AI無法執行的任務。

　　所以無論教師和學校有沒有充分的AI技術專業，學生都仍能學習上述與AI有關的技能。AI專家在研發AI系統時，已經愈來愈意識到跨領域合作的重要性。在本書中，你會找到跨領域的主題，它們連結了設計思考、STEM和倫理學，而這些都是確保人們能跟AI全面互動的關鍵。

　　為了創造一個公平的AI社會，當我們在處理對偏見的擔心、闡明社會目標，以及思考教育如何幫助我們達成這些目標時，一直都保持警覺心。不管能不能使用AI技術，我們可以先從在所有環境都能用的內容開始，例如訓練年輕人思考、推理、反應，並讓他們及早獲得創造和失敗的豐富體驗。即使在教室裡無法接觸到AI技術，我們還是能幫助年輕人發展思考的彈性，變成有能力的學習者、知識建構者、創新設計者、創意溝通者，以及運算思維者（computational thinker）。

　　一旦學生具備這種思維，並開始在校內或校外嘗試進行AI技術的互動，你就能幫助學生利用這些技能成為更成功的數位公民與全球合作者。AI可以在各方面幫上忙。當學生在各方面都精通這些技能，未來他們就更有能力處理與研發

AI。教育工作者可以帶著學生探討AI的倫理考量、幫助學生了解制訂與執行相關全新政策與法規的意義。進行上述教學的過程中,都不需要在教室裡接觸到複雜的AI技術。這樣一來,教育工作者可以幫助學生、家長、教職員和學校領導階層開始審慎考量,讓學生及早培養未來所需的相關技能,為AI教育建立堅實的基礎。

本書架構

第一章將探討AI是什麼,我們會簡短介紹AI發展的歷史,並討論構成AI的各種元素。並介紹在IBM、Adobe以及芝麻街工作室(Sesame Workshop)等組織的技術協助下,教育工作者如何在學習場域中運用AI增進教學的真實範例。

第二章的重點是,為什麼我們應該關心如何讓學生為充滿AI的未來做好準備。「學生版ISTE標準」不只是另一份拿來核對的標準名單,它們能幫助教育工作者把學生的最終目標設定在學習一些做法,例如創造、重新設計、面對失敗,以及解決問題。致力於這些標準將為學生跟AI的互動創造堅實基礎。

第三章提出AI教學的方法。這些方法包括專題導向學習、設計思考、系統思考、教室裡的AI,以及其他的專案資

源與課程計畫。本章也納入世界各地的教育工作者對這個主題的疑問與想法。

第四章深入探討 AI 如何支援學生的學習。使用 AI 需要跨領域的方法，而 STEM 則為發展這種方法提供可靠的路線。我們也發現把藝術加入 STEM，可以增進我們對 AI 的了解。

第五章討論 AI 如何支援教育工作者，例如把任務自動化，以及協助教師擁有更多時間，將心力花在更重要的事物上。我們將檢視某位大學教授如何創造出不只是選擇題的動態評量，並且開發出一款聊天機器人，把五百位學生的教學任務自動化，改變了機械工程學生的學習方法。

第六章則深入探討 AI 的倫理議題與擔憂。AI 有可能創造巨大的正向改變，但也可能引發人類的恐懼。身為教育工作者，我們有責任把爭議性的技術導向建設性的使用，並訓練下一代以讓世界（以及人類）變得更美好的方式使用這些技術。事實上，任何技術（或人類特質）都可能帶來正面影響，或者是毀滅與傷害。對於 AI，我們必須考量倫理議題，例如失去控制權與隱私，以及法律上的意涵。

結論則統整了所有這些概念，呼籲教育工作者採取行動，同時為利用 AI 教學與學習提供具體的後續步驟。

在整本書中，你可能會遇到陌生的詞彙。書末的名詞解釋就是為了幫助教育工作者為討論 AI 發展出共同語言。

　　你也會在每一章裡面找到建議活動與問題，幫助你深化理解、嘗試新觀念，以及思考書裡呈現的資訊。書中提供的連結會帶你到媒體作品，讓你的學習經驗更加動態；有些連結則是提供額外的資源，讓你在教室裡跟學生、家長和其他教育工作者一起分享、利用。這些資源來自各種可信賴的教育資源，其中包括美國公共電視網、LearningMedia、芝麻街工作室、TED-Ed、微軟、Adobe，以及 Google 等等。你也會發現書裡提到了電影與其他媒體，你可以在課堂上利用這些媒體開啟對AI的討論，或是激發設計思考與 STEM 專案。

　　當身為教師的你正進行AI的探索旅程時，想想今天的5或6歲孩子，他們未來將在 2030 年完成中等教育。孩童在學習時，他們的大腦會吸取大量的感官資訊。他們處理這些資訊，採取某種行動，然後從反應中學習。然後他們可能會調整方法，或是尋求新的資訊。當我們在探索AI與人類的交會，我們可以開始更加深入思索，年輕人在完成正規教育時的目標，以及我們對AI的總體目標 前言-03 。我們可以決定要把努力的重點放在強化人類智慧或是複製人類智慧。

　　2018年，微軟研究所（Microsoft Research）推出一集Podcast，名為「AI與社會交集的生活」 前言-04 ，其中卡瑪爾博士引用她的博士指導教授葛洛茲（Barbara Grosz）的話：「我們已經知道如何複製人類智慧：我們有嬰兒。所以，讓我

們尋找能強化人類智慧的東西、能改善人類智慧的東西。」

我們的下一代將持續身處資訊洪流之中，這些資訊會影響他們對人類、工作、政治、政府和世界的觀點與意見。談到AI和資料探勘（data mining）時，學生必須知道該問的問題，以及如何搜尋資訊。他們必須知道，為了讓AI能運作，電腦系統一直從他們的聲音、臉孔、鍵盤觸擊、Google地圖上的位置，以及互動的網頁上蒐集資料。他們必須比先前任何一代的人更加了解隱私，以及誰可能擁有他們的資料，而且必須在年紀更小的時候就開始了解這些事。

我們的下一代必須在沒有前例可循的情況下，探尋未知的方案以解決不斷衍生的嶄新課題。這樣的工作並不容易，往往需要釐清很多問題、參與很多討論；必須學習接受無法立刻找到解決方案的模糊情境，並且不會因此而感到挫敗與退縮。當他們面對失敗的打擊，引導他們練習提出有效的問題，幫助他們尋找新的解決方案，或者更換更適切的目標；而非停留在原地，不斷重複相同行動，然後妄自期待終將獲得不同結果。

卡瑪爾的研究主要著眼於AI的兩個主要面向。第一個面向是如何在日常任務中建立為人類提供價值的系統。第二個面向則是人類如何補足這些AI系統。接下來，我們來看看一個5歲男孩、一個6歲女孩，以及一個機器人的AI故事。你會發現上述兩個研究面向其實滿有趣的。

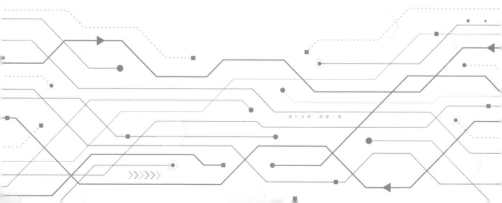

什麼是AI

對人機互動的疑問

登場人物：
萊拉：**6歲女孩**；小熊：**5歲男孩**

場景：萊拉、小熊一同拜訪中學學習中心。同行者還有他
們的爸媽和弟弟。

時間：2018年4月

第一幕

第一景

....

背　景：現在是非上課時間，學習中心裡一片寧靜，聽不到學
　　　　生的喧譁與嬉鬧聲。在一塊以橘色和藍色條紋地毯區
　　　　隔出的專屬空間中，散布著萊姆綠的椅子和靠墊，彷
　　　　彿在邀請訪客走進這個可以合作學習、安靜閱讀、進
　　　　行媒體創作等活動的創新空間。一旁還有一個90多

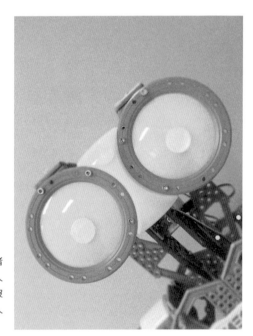

圖 1.0

孩子盯著可能是眼睛或者
是護目鏡的東西。沒有人
眨眼。萊拉沒眨，小熊沒
眨，機器人空洞的盯著人
的兩個塑膠盤也沒眨。

公分高的機器人靜靜站在角落。

啟幕時： 萊拉和小熊走進這個空間，發現了機器人。

萊　拉： 為什麼它不說話？

小　熊： 它是好機器人還是壞機器人？

　　兩個孩子小心翼翼的走向機器人，開始檢查起它的線路、螺絲、手臂、牆上插座，以及擔任雙腳功能的輪子。他們想和機器人互動，但不太確定它是否友善。究竟機器人會嚇他們一跳，還是會跟他們握手呢？孩子們興奮得不禁屏住了呼吸。

　　這兩個身高跟機器人差不多的孩子，滿心期待著互動時刻的來臨，但機器人依然無聲無息。這具機器人是由中學生所製作，學生幫它寫了一些簡單的程式，讓它能說幾句話、做些簡單的手勢。但機器人沒有自己的心智，換句話說，它沒有「智慧」。它無法分析萊拉和小熊想做什麼，也無法從他們的反應來找出合適的互動模式，更無法為了獲得不同互動結果而調整自己的行為。

　　另一方面，兩個孩子在研究眼前的機器人時，卻不斷在接收資料、努力探索。小熊嘗試友善的跟機器人拳碰拳，希望能引起它的反應。

小　熊： 為什麼它一點反應也沒有？

萊　拉： 會不會是電池沒電了？

　　當他們不停探索，甚至開始嘗試下指令進行語音控制，這

時機器人似乎發出輕微的動作和聲音。萊拉嚇得往後跳，蜷縮在附近的椅子下。她用手撫住自己的臉，然後從指縫間偷偷往外觀察。

雖然仍無法確定機器人是否會構成威脅，但兩個孩子依然著迷於機器人的反應。他們再一次靠近機器人，重新檢視螺絲和塑膠電線的組合。為什麼它看起來像是會活過來的「人」？他們繼續嘗試跟它互動，但機器人依然沒有反應。他們開始繼續尋找原因。

萊　拉：螺絲！它一定是有少螺絲。我可以修好它。

兩名孩子到處檢查，尋找是哪裡缺少螺絲。但他們不知道另一個更合理的解釋：機器人只是還沒有被人類設定程式，所以無法依孩子希望的方式運作。

了解AI

萊拉和小熊期待機器人跟他們互動，他們的假設是：如果找到缺少的東西並修理好，機器人就能做出像人類一樣的反應。

在AI的發展史中，許多人也一直在尋找那顆「鬆脫螺絲」，也就是在機器上複製人類智慧的關鍵。然而即使他們真的成功找到了，也會發現挑戰比原先預期的更加複雜。直到今日，人類的認知與智慧依然比電腦的能力還要高超。至今還沒有任何機器能通過「圖靈測試」，成功的讓人誤以為它是人類。

　　萊拉和小熊依然找不出哪裡少了螺絲，於是開始回想在媒體上看過的機器人，並且將它們區分為「好」與「壞」。他們想到的例子從《瓦力》（Wall-E）、《新世紀福音戰士》裡的「Eva」，到《星際大戰》裡的「C-3PO」和「R2-D2」，全都被描繪成能展現人類般智慧和情緒的機器人。兩位孩子是藉由他們已知的AI事物，來預測眼前這具機器人行為的模式。

第一景 完

 了解AI

　　從萊拉和小熊對機器人的探索，可以讓我們對於AI進行一些有趣的思考：

- 他們期待從機器人身上獲得什麼？
- 什麼事情讓他們感到挫折？為了減少挫折，他們做了什麼事？
- 他們對機器人有什麼先備知識，又如何運用這些知識解決問題？
- 關於AI，我們從媒體和電影得到哪些常見的看法？這些看法如何影響兩位孩子的行為，甚至造成他們的困惑？
- 這具機器人在程式設定上只能執行非常簡單的任務。如果像萊拉和小熊這個年紀的小朋友期待看到機器人與他們進行互動，那麼等到他們成為中學生時，他們又會期待看到什麼？
- 他們會跟先前世代的人一樣，對於跟機器互動有恐懼感，還是這些恐懼跟年齡、社會文化，以及因科幻小說或警世反烏托邦故事造成的恐懼而形成的偏見有關？

生活中AI的樣貌

在上面的場景中，萊拉和小熊期待機器人以「智慧」的方式跟他們互動，就像是科幻電影或科幻小說裡描述的那樣。但事實上，他們互動的對象是機器人，而不是AI。

把AI和機器人混為一談是個常見的誤解。這可能源自於科幻電影裡所描繪的AI，它通常被藏在機器人的外形裡，或是外表看起來像是人類的身體，但身體內不是肌肉和骨骼，而是電線和材料。機器人大師布魯克斯（Rodney Brooks）在他發表的文章〈缺乏理性的智慧〉（Intelligence without Reason）中暗示，在行動機器人方面的研究能協助推進AI的發展、兩者的發展雖然緊密相關，不過卻是兩種截然不同的技術。正因為我們常常把機器人的能力跟AI搞混了，這類的錯誤印象導致人們對於AI產生疑惑或恐懼，甚至是發出類似這樣的警告：「機器人會聰明到搶走人類的工作」，或者像是「機器人會逐漸取代人際間的互動」。

很多人不了解，不是所有的機器人都是靠AI驅動。AI可以套上機器人的外殼，也能以不像任何生物的形式存在。根據微軟「人工智慧入門」（First Steps into Artificial Intelligence）課程 CH1-01 的介紹，AI是一類工具的廣義名詞，這些工具能幫助人們把工作做得更好、更多。事實上，你體驗過或使用

過 AI 的次數很可能比你以為的還要多，像是數位個人助理、聊天機器人、語言翻譯、電玩遊戲、自動駕駛汽車，以及臉部辨識，都是 AI 互動的例子。此外，Target 和亞馬遜這類零售商的購物預測、銀行的詐欺偵測與線上客服，或是自動生成簡單運動數據和金融報告的新聞產生器、智慧型安全監控服務、Spotify 推薦音樂的服務、網飛推薦電影的服務，還有智慧家庭裝置等等，都使用了 AI 技術。

接著，讓我們一同來觀察與認識當代生活中 AI 的樣貌。

個人助理

個人助理又稱個人數位助理，像是 Siri、Google Now、Cortana、Alexa。它們可以聆聽你的聲音，並回應 40% ～ 80% 你所問的問題。有些助理是行動裝置、筆記型電腦和智慧喇叭的內建功能。

隨著這些應用程式不斷改進，它們的能力和用途也快速擴大，新產品推陳出新。根據一份 2017 年 5 月的線上投票發現，美國人常使用的「個人助理」包括：蘋果的 Siri（34%）、Google Assistant（19%）、Amazon Alexa（6%） 和 微 軟 的 Cortana（4%）。如同微軟在個人電腦、智慧型手機和智慧喇叭等產品已經累積了相當的使用者基礎，蘋果和 Google 在智慧型手機上也是如此，而亞馬遜的智慧音箱 Amazon Alexa 目前

也累積起可觀的使用者基礎。

「個人助理」很可能會深刻的影響學生在學校必須學習的技能。隨著這些工具能更有效率的處理更多任務，今天學生正在學習的一些技能可能會過時，例如程式設計就是一例。

「Wolfram Alpha」是一款知識搜尋引擎，也是 Siri 運作的核心技術，它的目標是要讓每個人都能及時及準確的獲得所需的系統性知識。為了達成這個目標，該公司研發出利用 AI 自動產生低階程式碼的技術，讓程式設計人員得以專注於高階事物上。根據創辦人渥夫朗（Stephen Wolfram）的說法：

> 渥夫朗語言（Wolfram language）的重要目標之一，是要盡可能把編碼的過程自動化，這樣人們就能純粹專注於運算思維（computational thinking）。當一個人使用 C++、Java 等相對低階的語言時，他無可避免的將陷入程式編碼細節之中。但有了渥夫朗語言，最令人興奮之處在於，我們不用面對低階程式編碼，就能傳達純粹的高階運算思維。

學生可以利用「渥夫朗程式設計實驗室」 CH1-02 ，嘗試這種先進的程式設計語言，練習他們的運算思維能力。

虛擬助理的技術雖然發展快速，但仍存在著一些限制，例如：不適當的回應、對問題的理解有誤、缺乏對英語之外語言

的支援等。為了建立大型資料庫來進行機器學習，有企業利用自家產品持續聆聽使用者生活中的語言，這樣的做法雖然對資料採集十分有幫助，但也存在著許多爭議。最近，Google預先展示了語音助理「Duplex」，媒體報導中認為這個軟體的自然語言指令「是如此精湛，甚至連線路另一端的人都不知道自己正在跟機器講話。」

聊天機器人

聊天機器人能夠透過文字或語音（也可以兩者並行）來與人類進行交談，是因為所涉及的核心 AI 技術，是結合機器學習（machine learning）及自然語言處理（natural language processing，簡稱NLP）而成。聊天機器人之所以能夠模仿人類的交談，是因為它們能辨識人類講話時的抑揚頓挫，歸納並儲存這些對話模式，用以模仿人類的交談行為。這是機器學習演算法的一個例子。

語言翻譯

我們多數人講話的速度比打字快。自然語言處理能讓電腦把我們講話的內容轉換成文字，讓語言翻譯不只是把某種語言翻譯成另一種語言。像是由微軟的創意工廠「微軟車庫」（Microsoft Garage）研發的語音輸入工具「Dictate」就是其中

一例。 CH1-03

還有一種語言翻譯能即時把你的講話內容轉換成字幕。這個擴充套件能應用在Outlook、Word和PowerPoint。使用先進的語音辨識和充分利用「微軟認知服務」（Cognitive Services）的AI，其中包括「Bing Speech API」的應用程式介面（Application Programming Interface，簡稱API）和「微軟翻譯」（Microsoft Translator）。

「簡報翻譯」（Presentation Translator）則是PowerPoint的增益集，能讓你在簡報時即時加上字幕，並且在PowerPoint文件中翻譯這些文字。微軟的語言翻譯計畫現在提供雲端和離線翻譯，語言包支援44種語言，包括：阿拉伯文、簡體中文、法文、德文、義大利文、日文、韓文、葡萄牙文、俄文、西班牙文和泰文。

語言翻譯可以扮演重要角色，幫助學生成為全球合作對象，讓他們能輕鬆的為國際觀眾翻譯自己的創生內容。去年一群日本國會議員拜訪我們學校，我的學生利用自然語言處理示範了當傳統與文化遇上AI和創意的過程。他們利用「Sway」設計出具有日本風格的藝術作品，Sway有機器學習的支援，能記錄下他們的創意過程，並且為來訪的國際賓客翻譯他們的想法。這個計畫讓學生探索AI如何支援傳統與文化上的實務（例如以純手工進行的藝術創作），讓藝術家嘗試使用不會弄

得一團亂的數位墨水來進行發想與創作。

臉部辨識

　　愈來愈精進的技術除了呈現在語音處理，還有臉部辨識。臉部辨識指的是機器從數位影像中指認一個人的能力。方式是把特定的臉部特徵拿來跟影像資料庫比對，軟體可以精準確定或核對一個人的身分，這個功能可說是現代安全系統的一大助力，可以替代（或搭配）指紋或虹膜辨識。

　　一些研究人員擔心臉部辨識軟體可能帶來的負面影響。隨著中國利用AI和臉部辨識找出亂穿越馬路的人，然後透過簡訊予以罰款，人們開始質疑未來警方運用臉部辨識系統維持治安的方式是否具有爭議。中國的深圳市已經使用軟體和攝影機，把亂穿越馬路者的臉孔投射在十字路口附近的大銀幕上，讓大家都能看到，警察也會對AI偵測到的累犯開單和罰款。軟體公司甚至跟社群媒體平台和當地的行動電話業者合作，在違反交通規則者亂穿越馬路時就發簡訊給當事人。

　　臉部辨識也可能運用在教室的課堂。中國一所中學開始採用這項技術監視和分析教室裡學生的行為。軟體每30秒就會掃描學生的臉部，歸類他們的臉部表情以及動作，例如閱讀、寫字或舉手。此外，美國紐約的工程師也一直在研究類似的技術，希望能幫助教師評估自己對學生的影響。

臉部辨識軟體雖然厲害，仍有犯錯的可能。例如，機器可能錯認笑容，把錯誤的動機附加在人們的行為上，因而導致使用者做出錯誤的假設或判斷。如同其他任何技術一般，臉部辨識有其優點，但也有其缺點和極限。

 具體範例

特徵擷取教學

　　資訊科學家何永基（Joshua Ho）博士設計了一個學校計畫，讓學生在遊戲中實際執行演算法，學習臉部辨識的運作方式。這個計畫和澳洲聯邦科學和工業研究組織（Commonwealth Scientific and Industrial Research Organization，簡稱CSIRO）的資訊與通訊技術（ICT）部門共同合作，把電腦程式設計整合進數學和科學課。透過這個教學活動能教學生特徵擷取的概念，或是把一張影像中的資料轉換成一連串定量和定性的特徵，用來分辨影像裡的不同物體。

　　進行的方式是一開始先讓學生討論，我們如何從影像中擷取關鍵特徵，並拿它們跟我們知道的特徵比對，藉此辨識臉孔。然後給學生一系列影像（何博士使用迪士尼的公主照片），讓學生練習把照片分解成生理特徵。例如：這位公主有長頭髮嗎？她的洋裝是什麼顏色？她手上有拿東西嗎？學生可以用這些答案創造特徵的「資料庫」，這樣他們拿到新的影像時就能比對，看看哪一個最符合。詳細教學指引，請見何永基在討論教室裡如何教授臉部辨識的文章

CH1-04

無障礙應用

人工智慧也能幫助視障者「看見」周遭的世界，化解因障礙帶來的局限。視障者可以使用電腦視覺、影像和語音辨識、自然語言處理以及機器學習的技術來閱讀文字與回答問題，還能辨認人們臉上的情緒以及描述周遭環境，運用科技輔具讓視障者有能力跟環境互動。微軟的「Azue 認知服務」 CH1-05 和「Office Lens」提供了完成這項技術所需的兩種應用程序：Seeing AI 和 Immersive Reader CH1-06 。

自動駕駛汽車

從 2014 年 Google 買下「深度心智」（DeepMind）這家公司，把賽車電玩的演算法大大提升與轉化，創造出無人駕駛車的可能性後，「自動駕駛汽車」（self-driving car）就不斷登上新聞頭條。雖然在那之後，即使 Google 的自駕車已經行駛幾十萬英里，但距離這項技術能被普遍應用在生活之中，還有著很大一段的距離。

自動駕駛車需要預載大量資料並定期更新，才能有效運作。它在道路上行駛的同時，要不斷比對預載的地圖和感測器即時偵測並回傳的實際資訊（例如交通號誌高度、路緣確切位置），這需要依賴大量前置資訊蒐集及即時運算能力，使得自駕車目前的用途依然十分受限。因此，企業正努力研發不需預

載大量資料就能引導車輛的技術，以突破目前的瓶頸。

AI 創意應用程式

人類對創新的追求，正啟發AI研發人員試圖建立更具人性的連結方式。他們援引喜劇演員、小說家、詩人和動畫師的專門知識，努力要為AI工具創造人格。以Adobe的Stock團隊提供的個人數位助理為例，它已具備多種用途，而不只再是只會回答些簡單問題。Adobe的工程師讓機器學習走入了一般大眾的生活。

Stock團隊也持續跟藝術家進行對話，想了解他們在創意過程中如何使用AI工具，以設計更符合使用者經驗的工具。例如「視覺搜尋」讓使用者能透過圖片來搜尋類似素材，而「自動關鍵字選取」（automated keywording）則能為圖片自動產生關鍵字，這樣創作者就不用再花時間為上傳到雲端的作品加上標籤。Sensei是Adobe的AI技術，結合Photoshop的搜尋功能，讓創作者能在影像處理軟體中輕易用關鍵字搜尋到雲端上的素材。

AI還能協助遊戲研發人員更快創造出新的電玩內容。例如「毀滅戰士」（Doom）這類的電玩遊戲，讓玩家能創造自己的遊戲等級，藉此累積大量的線上資料，讓程式設計師可以用來訓練演算法，使其自動生成新的等級，為電玩遊戲開發商

節省手工創造內容的經費。設計電玩遊戲裡不同等級的挑戰是項艱難的任務，義大利米蘭理工大學（Politecnico di Milano）的資訊科學家已經設計出一種AI演算法，能肩負起大部分的重責大任，讓設計師和玩家各自專注在他們最感到興奮的遊戲之中。

AI與人性

既然AI能夠模仿某些方面的人類思想、人類學習和人類語音，機器能夠承擔愈來愈多從前要靠人類智慧所擔負的任務，這將對我們的未來帶來什麼影響？

微軟教育訓練網站「沉浸心智」（Immersive Minds）的經理李德（Stephen Reid），對於人類「意圖駕馭科技使其為我們工作」的想法提出了有趣的觀察。他說：

> 英文的「機器人」（robot）一詞源自捷克文的「奴隸」，這件事一直讓我深感興趣。我們人類彷彿覺得不利用「奴隸」來做我們不能或不再想做的事，就無法生存與發展。犁田的馬、從非洲和其他國家運來的人力，到監視攝影機和紅綠燈（在南非的確稱紅綠燈為「robot」），現在則是AI。甚

至連它思考和學習的過程，也成為一種「奴隸」程序。

問題是：當能讓我們做的事情所剩無幾時，將會發生什麼事？在AI的研發競賽中，我們究竟想達成什麼目標？究竟是什麼讓我們覺得自己如此優越，可以永遠任意指揮奴隸、機器人和AI？

明天我搭飛機返國時，「機器人」會檢查我的護照。我的入境取決於機器的「同意」或「拒絕」。當然，那是裝了程式的機器，但畢竟還是個機器。試想如果機器有AI，可以自由進行主觀和客觀的判斷，那我還能夠確信自己一定進得了祖國國境嗎？

當然，我所說的論調聽起來很負面，似乎在迎合否定AI人士的說法。我其實喜歡有關AI的辯論。但我所提出這些觀點很值得思考。

在思考AI時代來臨的同時，我們的確需要認真想想這些問題。當AI以機器人的形貌出現時，讓人們衍生出許多恐懼的想像：「有智慧的機器有一天將主宰世界」、「人類將被機器所奴役」，甚至「機器愈來愈能模擬人性，而人類反將逐漸失去人性」。2008年，皮克斯（Pixar）動畫《瓦力》更帶來一個警世的故事，說明如果人類把原本自己該做的工作都交給機器人，進而破壞了人與人、人與環境間的關係，那麼將會發生

什麼情況。在整部電影中，機器人瓦力和伊芙（Eva）隨著劇情的開展，展現出愈來愈多原本專屬於人類的特質，例如憐憫、同理心和犧牲等；而片中的人類，反而具備比較多機器人的特質。我們在片中的機器人身上看到了人性，大大顛覆了我們對於機器人的印象。

適合發起課堂討論的動畫

1927年的經典科幻電影《大都會》（*Metropolis*）中，開始讓人們思考「如果可以做個機器人來取代某個人」那會是什麼樣的情況。在接下來的近百年間，機器人的人性形象又有什麼變化呢？

可以與學生一同觀看以下兩部影片，有助於在課堂上發起對AI的討論。並可參考這裡所附的活動和資源，針對班級特性及學生年齡適度調整學習內容。

● 大英雄天團

《大英雄天團》是一部優秀的動畫影片，片中探索設計思考、STEM學習，以及設計過程中必然面臨的失敗與反覆修正的過程。動畫片它同時闡述團隊合作與指導，以及指導和教學將如何為學生帶來寶貴的學習經驗。此外，教師可以利用這部電影發起對倫理學的討論，讓學生檢視電影中如何善用科技工

具和創新對世界造成正面影響，或是被誤用而造成負面毀滅。

在《大英雄天團》裡機器人「杯麵」的形象，是將「藉由智慧程式來評估健康照護方案」的概念，呈現為具體化的人物及故事情節。但你知道嗎？在英國利物浦的奧德黑兒童醫院，這個概念已經成真了！這部電影或許也鼓勵我們思考：究竟人類和電腦該以何種方式進行連結，透過雙方攜手合作，創造出比只有一個人、一個群體或一部電腦時，還要更聰明、更強大的力量。

可針對以下幾點問題，和學生一同進行討論：

1. **討論AI在健康照護裡的可能性**。觀賞奧德黑兒童醫院以認知計算強化病患照顧的影片 CH1-07，類比思考「小提琴手與小提琴的關係」跟「人類與電腦的關係」有何相似之處。查閱相關網站，幫助自己更加了解「IBM華生」CH1-08。

2. **討論這部電影的主題之一：嘗試與錯誤**。觀賞和討論「小小速成教室」（Crash Course Kids）的影片《靠失敗來成功》CH1-09，探索透過錯誤嘗試來學習的過程。

3. **討論什麼是「創意受限」**。要求和限制，都是設計過程中無法避免的一部分，然而它們不僅不是達到目標的障礙，反而可以激勵我們邁向創新的新高度。透過TED-

Ed的演講《「創意限制」的力量》（The power of creative constraints） CH1-10 ，幫助學生了解「創意受限」在推動發現和發明中扮演的角色。你也可以在TED-Ed網站上影片右邊「思考」（think）、「深入發掘」（dig deeper）和「討論」（discuss）等欄位中找到額外的課程支援材料。

● **瓦力**

《瓦力》是描繪一個清潔機器人在未來世界中生存的故事。故事中的人類，因為科技的進展而變得被動和自滿，把所有勞動工作交給機器人，每天過著享樂生活，完全忽視個人和地球環境的健康。某天，瓦力碰到另一個與自己型態截然不同的機器人伊芙，它們都是有情緒反應、能夠學習和成長的可愛角色。最終它們展現出關懷與忠誠，幫助變得更像機器人的人類脫離麻木狀態。建構出一個引人入勝又溫暖人心的故事。

人類透過說故事推論出大量資訊，我們從故事的脈絡裡也得以發展理解事情的能力。運用《瓦力》這部動畫片，可以針對以下幾點和學生一同進行討論：

1. **使用《瓦力》裡的默片片段，讓學生練習、發展推論技巧，**並討論這跟機器能做的事情有何不同。請學生指出這些默片中讓他們推導出結論的證據：為了協助發展這個程

序，可使用視覺思考（visual thinking）策略，或是參考說故事的教學資源 CH1-11 。向學生發出挑戰帖，請他們創造自己的默片來傳達故事和人類情感。學生製作完成的影片也可以提交到國際青少年默片影展（International Youth Silent Film Festival）。

2. **以影片內容做為發起辯論的主題**。請學生就機器人學與AI的差異選擇不同的立場，辯論電影中的機器人是不是AI，或者思考不使用語言的說故事方式與使用語言的說故事方式有何不同。這部片也讓我們有機會討論：是什麼讓我們成為獨特的人類，而且跟機器截然不同。請注意片中的幾個時間點，我們可以說機器人比周遭的人類展現更多的智慧與人類情感。這部電影透過名為傲特（AUTO）的反派機器人，也提出了AI掌控世界的反烏托邦警示。傲特的靈感來自於經典電影《2001：太空漫遊》（*2001: A Space Odyssey*）裡的AI角色。為了幫助學生了解辯論技巧，以及如何以電影為基礎發起辯論，請觀賞速成教室「如何爭論：歸納與溯因」 CH1-12 。

3. **認識科技進步的類型**。請學生尋找在《瓦力》中看到的科技進展，例如「自然語言處理」就是AI的重要功能之一。與「瓦力」有關的AI技術，可參考以下網頁中的說明 CH1-13 。

4. **促發自主學習研究**。《瓦力》可以啟發學生進行環境研究，或是進行AI如何支援健康生活形態的研究。觀賞環境主題速成教室影片，又可分為年紀較大孩童版 CH1-14 ，以及年幼孩童版 CH1-15 。

5. **為跨學科計畫帶來靈感**。這些計畫可援引科學、技術、工程、藝術和數學。建議觀賞倫頓預備學校（Renton Prep）13歲學生丹妮拉（Daniella）的《瓦力》計畫 CH1-16 ，她的靈感來自回收藝術，以及對簡單機械和工程程序的研究。

教學資源

神奇皮克斯（Pixar in a Box） CH1-17

「神奇皮克斯」是可汗學院（Khan Academy）的課程，讓學生能一窺皮克斯藝術家利用數學和科學來說故事的幕後祕辛，幫助學生探索STEM和說故事的交互作用。

AI的歷史

其實人類很早就開始研究智慧機器，其歷史遠比 AI 初學者以為的還要久遠。為了幫助我們了解AI是如何悠久長期發展歷程，麻省理工學院的松下機器人講座教授布魯克斯（Rodney Brooks）在部落格上寫了篇文章，內容更新自他在1991年所寫有關AI歷史的論文。文章中指出，「對許多人來說，這一切看起來是如此耀眼、令人興奮和無比新穎」，他接著補充說：不過在上述這些形容詞當中，只有「令人興奮」是真的 。

資訊科學家圖靈（Alan Turing）早在1948年就已為AI的發展奠定基礎。他在〈計算機器與智慧〉（Computing machinery and intelligence）一文中探討電腦能否具備「思考」能力，並提出著名的「圖靈測試」（Turing Test），來評估電腦是否具有像人類一般的智慧。圖靈讓一個人類和一台電腦用1950年代的即時通訊軟體進行文字對談，然後讓第三人來判斷哪個對話者是機器。圖靈預測到2000年時，128MB的電腦將約有70%的機會能騙過人類。

教學資源

認識圖靈

先觀賞速成教室對圖靈的介紹 CH1-18 。

對於年紀較大的學生，可以考慮介紹2014年的電影《模仿遊戲》（*The Imitation Game*）。用影片內容帶領學生討論歷史的準確性、倫理學、社會正義、平等，培養運用設計思考解決真實世界問題的能力。

這個討論還可以搭配「全球持續性發展目標」 CH1-19 的研究，思考在圖靈那個時代背景下的哪些目標，直到今天仍然需要我們共同努力，才能為我們創造更美好的未來，並在2030年造成實質影響？

是誰最早使用「人工智慧」一詞呢？一般認為是在1955年時，由一群研究人員所提出。在一份提交給達特茅斯大學的研究計畫中，這群研究人員提出充分理由，表示想要「了解如何讓機器使用語言、形成抽象概念和觀念、解決現在只有人類能解決的問題，以及改善自己」。到了1960年代中期，美國國防部是AI研究的主要贊助者，而AI的研究也逐漸擴散至全球。隨著愈來愈多人投入持續探索的行列，就愈來愈清楚創造人工智慧所需解決的課題。於是AI研究形成了許多次領域，

並衍生出非常多不同的面向，領域之寬廣已令人難以想像。這些次領域包括：

- 規劃
- 問題求解
- 知識表示
- 自然語言處理
- 搜尋
- 玩遊戲
- 專家系統
- 神經網路

- 機器推論
- 統計機器學習
- 機器人學
- 行動機器人學
- 同步定位與映射
- 電腦視覺
- 影像理解

但1960年代中期的AI榮景並未持續下去。1970年代初期，當研究人員更加體認到複製人類智慧所牽涉的層面極為複雜，使得挑戰變得益發嚴峻。到了1974年，美國和英國政府都終止了探索性的AI研究，預告所謂「AI寒冬」的來臨，AI研究人員很難為自己的計畫找到資金。直到1980年代早期，AI再次蓬勃發展，到了1985年，它的市場已經超過十億美元。但1987年，AI又遇到另一次寒冬。直到1990年代晚期和2000年代初期，隨著計算能力的增強，人工智慧在資料探勘和醫療診斷等領域的前景開始看好，因而開啟人們對使用AI

解決特定問題的興趣。

例如AI研究人員發現，我們可以利用AI的新技術在商業領域中。到了2017年，根據一項調查指出，五家公司裡面就有一家以某種方式使用AI，將近85%的人相信AI能幫助他們維持或取得勝過競爭者的優勢。

在人類擅長的領域裡擊敗人類

IBM定期舉辦人機對戰的公開比賽，目的是要吸引更多專業人才投入STEM領域。1997年5月11日，一秒能分析兩億個棋步的IBM超級電腦「深藍」（Deep Blue），成功擊敗當時的西洋棋世界冠軍卡斯帕洛夫（Garry Kasparov）。這場轟動一時的棋賽共下了六局，如果你對這場棋賽好奇，不妨觀賞這支簡短的紀錄片： CH1-20 。

下一場為人矚目的人機對戰是在2011年，這次讓大眾認識了「IBM華生」。華生在美國知名電視益智搶答節目「危險境地」（Jeopardy）中一舉擊敗兩位冠軍。在那之後，華生的應用還擴展到健康照護和其他領域。

2016年，AlphaGo成為第一個使用機器學習打敗圍棋世界冠軍的電腦程式。這個程式是由Google旗下的深度心智公司研發。比賽之後，深度心智讓電腦程式跟自己對弈幾百萬次，藉此持續改良。根據西方世界頂尖圍棋棋士的說法：「人類所

累積的圍棋知識可能在棋盤的邊和角比較有用。但AlphaGo比較沒有這樣的局限，它可以在中盤下出讓我們較難掌握、令人印象深刻的棋步。」

 教學資源

建立專案好工具：Sway

想要讓學生了解AI發展史嗎？你可以善用生動科學（Live Science）網站上有關AI歷史的視覺圖解資訊 CH1-21 ，並和學生一同討論在AI議題上，他們曾經聽過或感到新鮮的事物。接著請學生分組，針對一個他們以前沒聽過的主題進行研究與探索，並利用多媒體或簡報工具建立一個研究專案。

順帶推薦一個學生小組建立研究專案的好工具：Sway（sway.com），是一款以機器學習演算法打造的免費工具，會自動產生在視覺上吸引人的設計，讓學生能專心創作內容。學生可以同時在行動裝置、筆記型電腦或桌上型電腦上利用Sway共同撰寫內容。機器學習功能讓學生能搜尋創用CC授權的內容，這樣就不用擔心版權問題了。Sway也會根據文字內容推薦影像搜尋的結果，省下搜尋圖片的時間，你也可以在其中嵌入其他來源的媒體。

- 可以到這裡上Sway的入門課 CH1-22
- 觀賞以經驗學習為基礎的班級合作Sway範例 CH1-23

AI之春：當前的AI發展

人工智慧領域有「AI之春」（AI season）的說法，指的是AI技術快速成長、社會大眾對AI有著高度接納與期待的興奮期。然而有時候，媒體的吹捧和過度承諾超出了AI技術的實現能力，反而導致「AI寒冬」（AI winters），使得一般大眾對AI失去興趣、減少甚至取消對AI的贊助，新技術的發展前景似乎頓時變得黯淡無光。隨著時間過去，當研究人員有了新的進展，再次讓人們感到興奮，覺得AI的前景看好，掀起一波新的AI技術成長與躍進。

有些人總習慣把AI視為「嶄新科技」與「革命性事物」，而沒有意識到一個事實：這波「AI之春」早在1950年代起就經開始。這或許有點讓人驚訝，原來人們處理AI挑戰已經有這麼長的時間，而且每一波的發展都會在不久之後為我們的生活帶來許多正向的改變。

當我們對人類智慧和學習的複雜度了解得愈多，就愈可能會找出更多探究和研究AI的新方式。在目前的「AI之春」中，在許多領域都有長足的進展，各個高度合作的團隊正致力於研究橫跨多個先進領域的解決方案。其中包括：教育、資訊科學、醫療診斷、商業與金融、航空學、國防、工業、媒體、電信和遊戲。

跨學科團隊在醫療領域的 AI 發展

　　威爾森（Nile Wilson）是華盛頓大學的研究生，她的願望是幫助有神經傷害的人重拾獨立生活的能力。她在感覺動作神經工程中心（Center for Neurotechnology）擔任研究人員時，完成她的生物工程博士學位。她的研究在致力於改善腦機介面（brain-computer interface，簡稱BCI）技術的品質與易用性，透過這項技術能讓人生活更加獨立也更有自信，可以獨自執行日常任務，減少對於照護者的依賴。

　　腦機介面技術會「取得大腦訊號進行分析，然後把訊號轉換成指令，並且傳遞到能執行目標動作的輸出裝置」。這項技術預期能造福因外傷性腦損傷（traumatic brain injury，簡稱TBI）、中風和脊髓損傷等狀況而經歷神經傷害的人。

　　在研究人員努力建立人體與裝置間溝通橋樑的過程中，他們碰到的主要困難是，在BCI使用期間無法確實偵測特定的大腦波形。雖然研究人員在現場辨識出典型的波形，但每個人的腦波都不一樣，有時很難依據文獻來定義的那些訊號。為了解決這個問題，讓更個人化的BCI在個別的使用者上面順利運作，威爾森的團隊希望利用AI協助辨識特定大腦波形。

　　受神經科學的啟發，加上神經科學領域的持續進步，或許會大幅影響AI的進展。改善BCI需要各種不同領域團隊的緊密合作，其中包括照護者、臨床醫師、復健專業人員、材料科

學專家、研究神經倫理學（neuroethics）的哲學家、社會衝擊（social impact）的專家、資訊科學家，以及產品的使用者。

目前AI技術的另一個挑戰，是如何讓電腦像人類一樣具備知識遷移的能力。對人類而言，知識的遷移是學習過程中很自然也很直覺的一部分，我們往往能在無意識中把知識妥善應用在不同情境中。但是對電腦來說，要讓知識在不同的情境脈絡之間轉移，或是把知識應用在全新問題上，卻沒有那麼容易，仍待各界專家共同研擬對策。

IBM華生的教學應用

自從在遊戲節目「危險境地」一戰成名之後，「IBM華生」就忙著協助醫療診斷、為醫療專業人員提供回饋。除了醫療領域，它也能應用在教學領域上，擔任數學教育工作者的智慧助理。由AI驅動的「IBM華生教師顧問」（Teacher Advisor With Watson）能針對教育工作者想要精進的教學內容，提供教學指引，強化教學效能。

教學資源

IBM 華生教師顧問 CH1-24

在常態編班下，同一個班上學生的程度可能出現大幅落差，如何兼顧優秀與需要加強的學生，成為教學上的一大挑戰。

「教師顧問」是IBM與美國教師聯合會所合作開發的人工智慧教學輔助工具，透過AI來與教師互動，協助教師形成符合班上學生實際學習表現的個人化教案，從而提升學生實際學習成效。這個免費的課程與教學規劃工具，目前已經被實際應用在幼兒園到八年級的數學教學。

IBM也跟芝麻街工作室（Sesame Workshop）合作，針對剛學習閱讀的英語學習者（English Language Learner，簡稱ELL）和學生，利用AI支援其早期的讀寫能力與字彙發展。這個程式讓孩童以自己的步調前進，在他們準備好的時候學習新字彙，而不是被迫跟班上的每個人同一步調。

結果顯示，學生樂於在遊戲化的環境裡學習新字或較長的字彙。我們從研究中得知，早期的字彙發展能為學業成功提供堅實的基礎。芝麻街工作室請見 CH1-25 。

米雅學習：用聊天機器人促進閱讀

米雅學習（Mia Learning）CH1-26 是一款支援中小學生自主閱讀的語音聊天機器人，主要目的是增進學生的閱讀動機與自主性。

在網站中，「特務米雅」將徵召學生參與她終結無聊的任務。她會幫助他們決定要從閱讀當中獲得什麼，指導他們選擇符合興趣和能力的書籍，並教導他們如何決定在何地、何時，跟誰一起閱讀也會提供專屬於每個人的推薦書單與引導策略。米雅同時蒐集各方觀察與見解，能幫助教育工作者和家長找到讓孩子從事閱讀的新方法，可說是新時代下教育工作者推動閱讀的好幫手！

米雅所提供的閱讀策略是根據大量且有力的實驗研究而來，這些研究證明，增加學生的閱讀動機和閱讀量與閱讀能力的成長具有強烈的相關。至於米雅對於讀者的觀察和閱讀的知識則來自於專案小組，成員包括頂尖的識字研究人員、課堂教師、圖書館員、社區識字領袖，以及讓角色與故事變生動的兒童劇作家。

隨著STEM專業人員持續搜尋能解鎖真正人工智慧的「鬆脫螺絲」，以及各行各業持續採用AI來增強人類的表現，我們可以期待看到AI領域的進一步發展。在此同時，既有的AI技術正不斷蒐集新的資料，透過學習以持續進化。未來，智慧機

器人能像小熊和萊拉這些孩子所期望的那樣跟人互動，或許依然是個遙遠的夢想，不過這個夢想將不再是遙不可及，而會一步步夢想成真。

 思考AI

- 如果AI日漸成為我們日常生活中密不可分的一部分，對於即將在2030年畢業的孩子來說，這會如何影響他們的職業生涯和高等教育？為了回答這個問題，請你繼續探索科技將如何賦予、以及將賦予2030年畢業的學生哪些能力，當這群學生進入職場時，又會需要哪些基本技能？相關資訊請見： CH1-27
- 網路時代中，許多校園或職場中的偏見（例如：性別、政黨、種族等），可能在無意間因AI技術而被放大及傳播，這在未來可能對我們的學生造成什麼影響？
- 當目前社會上已存在的AI知識被偷偷滲入了偏見，導致各種令人意想不到的後果。為了減少偏見，身為教師的你必須提防哪些事情？
- 電腦現在能像人類一樣思考與行動嗎？如果不行，電腦如何強化人類的能力，而且依然能在文化傳統與現代創新之間維持平衡？

下一章我們將開始討論上述這些思考問題，讓你有機會檢視全世界其他教育工作者如何思考AI。當你閱讀這本書的時候，請運用自己先前的知識和情境，仔細思考人類想要解決問題或完成任務時，會如何思考、做決定、工作和學習。

幫助學生
為未來做好準備

與專家的對話

登場人物：

賈瑞德（Jared Zimmerman）：Google 設計主管

蜜雪兒：本書作者

場景：

賈瑞德跟作者談到 AI，以及他如何對教育工作者描述 AI

時間：2018 年 5 月

第一幕

第二景

背　景：賈瑞德和作者正在網路上使用臉書訊息對話。

啟幕時：賈瑞德在夏威夷透過手機跟位在華盛頓的作者聊天，作者使用 iPhone 的鍵盤輸入法打字。兩人的交談過程中使用了：預測模型（predictive model），這是機器學習的一種形式；鍵盤輸入聯想字；以及深度學習（deep learning）。機器學習輔助智慧型手機上的鍵盤觸擊，能使打字更順暢，增快非面對面溝通的速度。

蜜雪兒：你認為教育工作者對 AI 應該有什麼樣的了解？

賈瑞德：AI 是工具，就跟其他工具一樣。它不是你可以灑在東西上的魔法亮粉。目前，它只能做孩童等級的工作，只不過速度更快，還可以同時進行。基本上，它就像幾萬個 6 歲孩童不斷重複在做某件事，而且是對那件事非常專業的 6 歲孩童。就好像你只能訓練他做一件事一樣。

雖然電腦程式 AlphaGo 可以在圍棋上打敗世界上任何人類，但它沒辦法玩井字遊戲。通用人工智慧還不成氣候。通用人工智慧代表 AI 可以在沒有訓練的情況下處理新狀況。

此刻，我們有演算法和機器學習。而AI，是一個無所不包的概括名詞。

第二景 完

今天的學生未來將會跟AI一起生活、一起工作。無論他們選擇的職業是什麼，為了在未來的工作中進展順利、獲得成功，他們必須學習如何把AI的能力最大化，同時超越它的極限。或許孩童一開始對AI的概念可能像是智慧機器人，但是當他們漸漸了解機器如何複製人類智慧的各個層面，他們自然而然擴展了在生活裡有效應用這些工具的能力。

AI的進步如此快速，我們實在很難預測它對未來的工作將造成什麼衝擊。有些人害怕AI會搶走人類所有的工作，有些人則主張，AI不僅不會取代人類的工作，甚至還將創造更多的工作型態，開啟至今仍無法為我們想像的嶄新機會。無論如何，當AI持續承擔起更多以前需要人類才能完成的任務，今天被我們視為頂尖卓越的優秀才能或許到了明天就必須變得自動化。有鑑於此，我們必須協助學生在這個變動不羈的就業市場上找到方向。范德阿克（Tom Vander Ark）曾為「學聰明」（Getting Smart）網站寫過一篇文章，名為〈領先機器人：畢業生應該知道以及能做的事〉 CH2-01 ，他分享了「皮尤報告」（Pew Report）對職場未來的發現：

機器正在侵蝕人類的就業能力。而且不只是重複性與低技能的工作。近來，自動化、機器人、演算法和人工智慧已經證明，它們在一些職業上可以做得跟人類一樣好，有時甚至更好，例如：皮膚科醫師、保險理算師、律師、油田的震測專家、運動記者和金融記者、導彈驅逐艦的組員、招聘經理、心理測驗員、零售銷售員，以及邊境巡邏隊員。愈來愈多人甚至擔心，在不久的未來，科技發展將粉碎幾百萬人的工作，這些人可能是開汽車和卡車、分析醫療檢驗與資料、執行中階的管理雜務、配藥、交易股票與評估市場、在戰場上戰鬥、執行政府功能，甚至是設計軟體的人，也就是演算法的創造者。

未來的工作樣貌即將發生改變，教育工作者必須重新思考支持學生從事未來職業的基本能力、以及教師所欲達成的學習成效。范德阿克整理出一個成效架構檢視表（表2.1），其中包括：下一代學習挑戰（Next Generation Learning Challenges）的「20個MyWays能力」 CH2-02 ；華格納（Tony Wagner）的「7個求生技能」 CH2-03 ；休立特基金會（Hewlett Foundation）的「更深度學習目標」 CH2-04 ；美國CASEL的「學業、社交與情緒學習合作計畫」（Collaborative for Academic Social and Emotional Learning） CH2-05 ；以及世界經濟論壇

表 2.1 未來職場工作者需要培養的基本能力

NGLC 的 MyWays 計畫	華格納的 7 個求生技能	休立特基金會的更深度學習目標	CASEL 的 CASEL 計畫	WEF 的 2022 年十大需求技能
批判性思考與問題求解	批判性思考與問題求解	批判性思考與解決問題		批判性思考和分析
創意與創業精神	好奇心與想像力	創意		創意、原創性和主動性
發展人際關係	跨網路合作，影響力領導	協同運作	社會意識	領導力和社會影響力
社會技能與責任感			關係技巧	情緒智商
探索旅程的每一步	評估與分析資訊		決策制訂	系統分析和評估能力
正向思維	倡議與創業精神	發展學術心態	自我意識	分析能力與創新
學習行為	敏捷性與適應性			積極的學習和學習策略
溝通與合作	口語與文字溝通	有效溝通		複雜問題解決能力
自我導向、堅持不懈與學習策略		指引自我學習	自我管理	推理能力
內容與總體知識		掌握扎實的學術內容		技術設計和撰寫電腦程式能力
資訊、媒體與科技；職業技術與實用技能				

來源：Vander Ark, T. (2017, August 8). Staying Ahead of the Robots: What Grads Should Know and Be Able to Do. Getting Smart. Retrieved May 5, 2018, from https://bit.ly/3hbH4uu

（World Economic Forum，簡稱WEF）在〈2018未來工作報告〉（Future of job report） CH2-06 的「2022年十大需求技能」 CH2-07 。

值得注意的是，在這個「未來需要培養的基本能力」表格裡面，重複提到或是強調的「人類」技能包括：創意、人際技巧和自我意識。為此，范德阿克認為：「人工智慧是根據觀察到的資料及模式來學習與採取行動的程式碼，而人工智慧的興起正推動價值的轉變，重點在於更強調人類經驗固有的情感，這些經驗包括：思考、創意與問題求解。」

了解 AI

- 請閱讀皮尤研究中心（Pew Research Center）的報告《工作與工作訓練的未來》 CH2-08
- 閱讀由皮尤研究中心和伊隆大學網路發想中心（Elon's Imagining the Internet Center）所彙整，專家對於2026年的工作與工作訓練的預測 CH2-09

雖然AI能執行許多從前非人類莫屬的任務，但它並非無所不能。當教育工作者與學生準備跟這個強力工具並肩工作，一定要體認到，未來最熱門的工作技巧可能會是AI能力未逮之處。既然機器能夠學習，如果學生想要跟AI一起合作並有

效率的工作，就必須不斷學習與成長，同時培養跨領域工作的
習慣與能力。

人類與AI學習大不同

　　機器就跟孩童一樣，能透過重複來學習。如果你教過6歲
孩童，賈瑞德在本章一開始的比喻可能會讓你發出會心一笑，
幼兒的確會不斷重複同樣的任務或行為。如果你自己有個6歲
的孩子，你可能還記得那段時間裡不斷聽到孩子聆聽同一首歌
曲、朗讀同一本書上百遍，或是不斷觀看同樣的電影，直到你
們兩個人都記得整段對話。在那樣的重複過程中，學習就自然
發生了。

　　2011年，發表於《心理學前沿》（*Frontiers in Psychology*）
的一份研究指出：「重複聆聽相同故事的孩童，在單字記憶上
的表現顯著優於一般水準。」這份研究得出結論與最近的研究
結果一致，那就是重複閱讀同樣的繪本和重複觀看同樣的電視
節目能幫助學習。也就是說，在這個重複過程中，藉由辨認模
式、找出連結、發展推論，以及透過故事講述跟人類情感產生
連結，能讓學習持續發生。

　　賈瑞德雖然不是教育工作者，但他在第二景的比喻說明了

機器學習就是在做這樣的事情，機器學習跟幼兒學到的東西一樣多。但人類和機器在學習上的相似性僅止於此。人類的記憶是透過感官獲得資訊，進行儲存，需要時再擷取這些資訊；機器學習則是透過各種輸入獲得資訊，其中包括文字、影像、聲音和觸摸。對人類來說，接收資訊的方式（以及牽涉到的感官）會影響我們處理與記憶資訊的方式。因此，有些學習層面仍被認為是人類專屬而機器還無法做到，例如學習遷移或者是說故事。

 教學資源

透過「說故事」進行溝通

　　蘇斯金（Owen Suskind）小時候是個喜歡蹦蹦跳跳、玩辦家家的小男孩，將滿3歲時，他突然沉默不語，把家人都嚇壞了。後來他被醫師診斷出患有退化性自閉症（regressive autism），他的家人不斷尋找各種與他溝通的管道，他們偶然發現歐文非常喜愛沉浸在迪士尼動畫電影的世界裡，他熟悉迪士尼動畫片裡的每一句台詞。在家人一同加入電影場景的角色扮演引導下，蘇斯金終於願意開口說話，雖然他說的是不斷重複電影場景中的台詞，然而這獨特的對話，卻是他的家人唯一能與他彼此連結的互動方式。

　　你可以在課堂中向學生分享這個故事，帶領學生一同了解「說故事」如何幫助蘇斯金與家人溝通 CH2-10 。也可以讓學生觀賞根據蘇斯金的故事拍攝而成的紀錄片《動畫人生》（*Life Animated*）。

了解這部電影 CH2-11 ；搭配電影的課程指引可在此網站取得 CH2-12 。

　　問問學生，蘇斯金跟家人如何透過「重複性」與「說故事」來進行溝通。把這個例子拿來跟AlphaGo的學習方式做比較，可參考《大西洋》（*Atlantic*）月刊的文章〈從人類身上學不到東西的AI〉（The AI That Has Nothing to Learn From Humans） CH2-13 。

　　情緒在人類學習中扮演著重要的角色。以第一章開場的小熊與萊拉的故事為例，當兩個孩子想跟機器人互動而未果，嘗試找出解決之道時，他們根據先前的經驗和知識，把學到的東西運用在全新的情境中。對孩童來說，探索不僅是必要的，甚至會喚起以往愉悅的感覺。如果先天的心理需求獲得滿足，即使任務變得困難，正面情緒將會促進個體願意堅持下去的動力；相反的，負面情緒則會減少個體繼續努力的動機。機器可以持續蒐集資料，過程中不會受到情緒的影響，但正因如此，它也缺乏那種驅使孩童探索與學習的好奇心。

　　麥迪納（John Medina）是發展分子生物學家與研究顧問，同時也是華盛頓大學醫學院（University of Washington School of Medicine）生物工程系兼任教授，他在著作《大腦當家》（*Brain Rules*）中解釋好奇心如何驅動學習：

大部分的發展心理學家認為，孩子求知的需求是像鑽石一樣純潔、像巧克力一樣吸引人的驅力。雖然認知神經科學並沒有對好奇心下定義，我絕對同意它是像鑽石一樣純潔的驅動力，我堅決相信，假如我們允許孩子從小保留他的好奇心，他會繼續發展天性去探索，一直到101歲。這是我母親本能上就知道的事，所以她盡量鼓勵我的好奇心。

對孩子來說，「發現」帶來快樂，就像一種會上癮的毒品，探索創造出更多發現的需求，也會讓人感受到更多快樂。這是一個直接的回饋系統，假如允許孩子去滋養它，它會繼續到入學後。當孩子長大一點，他會發現，學習不但帶給他快樂，同時還帶給他優勢，成為某一領域的專家會給孩子帶來自信，在學術研究上展開冒險之旅。假如這些孩子沒有死在急診室，他們就有可能拿諾貝爾獎。

如果你對麥迪納的研究感興趣，也可以欣賞他談論「心智理論」的影片 CH2-14 。

當萊拉和小熊想要更加了解機器人時，他們除了利用先前知識進行探索，並從中獲得愉悅之外，他們還利用手勢和話語彼此交談，在接收感官資訊時建立更深入的理解。心理學家維高斯基認為，人類學習是一種複雜的過程，社會情境和感覺處理（sensory modality）都參與其中並交互作用。他

提到「知覺、話語和行動的統一，最終產生視野的內化」。胡克（Hooker）等人的研究也確認大腦前部額葉皮質（frontal cortex）與社會互動產生的刺激有關。在以社會互動為媒介的學習（socially mediated learning）中，學習從另一個人的觀點檢視情況很重要，這樣才會「考慮到他人會根據可能跟自己不同的信仰、目標和意圖，對某個情況採取行動和做出反應」。這個過程被稱為心智內化（mentalizing），或是心智理論。認知同理心（Cognitive empathy）是一種人類情緒，「其中包括一些心智內化技巧，例如觀點取替（perspective-taking）」。不管是觀看或聆聽故事，故事能協助人類建立觀點取替和同理心。機器還不具備這種能力。

孩童在學習時會吸收大量感官資訊，大腦在這個過程中會建立和強化路徑。社會脈絡能為大腦提供重要輸入，人類從外在環境接收的感官資訊會在大腦相關區域獲得處理，然後抵達名為基底核（basal ganglia）的區域，基底核會對感官資訊產生運動反應。當萊拉和小熊尋找與機器人可能的互動方式，他們正參與維高斯基所謂的社會文化學習（sociocultural learning）。他們透過談話彼此互動與溝通，並使用他們的手（運動反應）來驗證他們的想法。同時，他們也運用從各種來源接收到的資訊，繼續提出一連串的觀察與提問，並且把先前他們從故事和電影（多數是科幻電影）中接收的資訊與經驗連

結起來。

微軟共同創辦人艾倫曾指出，人類從幼兒長大成大人，其學習的方式跟機器大不相同。他們獲得關於這個世界的常識，然後在經歷不同脈絡時，持續改善和增添這些知識，就如同我們看到小熊和萊拉在做的事。用這個角度來思考機器，可以發現機器的發展還有很長的路要走，才能在各種脈絡和新奇情況下展現跟人類同類型的智慧，而不是只在某個特定領域擁有深度專業。

案例研究：PICK 教育計畫

當 AI 革命如火如荼的發展同時，另一個重大的科學發展是公眾科學（citizen science）的興起。當科學家持續碰到 AI 的限制，他們開始持續號召一般民眾協助觀察、記錄和處理大量的資訊。透過先進科技與人類創意的結合，他們獲得了直到現在才可能會有的新發現。

PICK 教育（PICK Education）計畫 CH2-15 利用挑戰傳統教學模式的教育哲學，透過公眾科學，善用了人類學習的社會面。計畫的主要宗旨是發展在學習環境中執行資料分析的方法論，這將影響目前世界各地人們所發現的挑戰。在這項計畫裡，教師和學生都要扮演研究科學家的角色，對真實世界的探究和調查做出貢獻。無論是學生和專業人士，只要是每個參與

這個計畫的所有人，都會從這個方法中獲益。

　　教育博士桑內爾（Robert Thornell）是厄克托郡獨立學區（Ector County ISD）的副教育局長，他向我分享他的兩名學生拿到南美以美大學（Southern Methodist University，簡稱SMU）的四年全額獎學金，得以繼續在生物醫學方面的研究。兩名學生和大學都指出，青少年在PICK教育計畫的經驗，提供他們領先同儕的學習機會。

　　奧斯本（Jason Osborne）是德州厄克托郡獨立學區的創新長（chief innovation officer），他正在跟K-12的科學協調人（science coordinator）布萊安特（Ashley Bryant）合作研

圖 2.1

參與 PICK 教育計畫的學生成品。

發和執行PICK教育。奧斯本是白宮改變冠軍（Champion of Change），他的研究獲得主要刊物如《科學美國人》（*Scientific American*）和《國家地理》（*National Geographic*）的認可。在思考PICK教育上，奧斯本提出了一個有趣的問題：如果我們把學生的學習社群從教師、校長和輔導員，擴大到納入同儕、大學生、大學教師和研究人員，這樣的話會發生什麼事？他認為公眾科學是達成這個目標的一種途徑。

以下這幾個計畫，可以提供教育工作者思考如何運用公眾科學於課堂教學：

- **古代探索（Paleo Quest）**：這個非營利的公眾科學組織，是由奧斯本等人共同創立，使命是要透過研究、探索，以及科學教育，推動古生物學和地質學的進步。古代探索也是一個具有原創內容的合作平台，作者是由來自各種專業領域的業餘愛好者、專業人士和公眾科學家匯集而成，可說是為科學創新提供一個實驗的溫室。這個組織對科學教育採取的嶄新做法，幫助參與者在古生物學和地層學學習上，找出與回答獨特的科學和方法論問題。
- **大腦STEM計畫**：透過大腦STEM計畫，教師和學生可以幫助研究人員在果蠅腦資料集裡辨認出神經結構。把學生當成實驗室的延伸，研究人員能利用學生的研究，以比之前快上

許多的速度繪製腦圖譜。回過頭來，不僅能讓科學以更快的速度發展，學生也因學到腦部結構和科學進展而獲益，這些都是州標準要求的科目 CH2-16 。

● **尋鯊者（SharkFinder）**：產業、大學和研究機構的合作對象不只局限於中學生，連幼兒園到五年級（K-5）的學習者也能對科學做出貢獻，這要歸功於一個名為「尋鯊者」的計畫，學生可以協助發現可能具有重大科學意義的微體化石（micro-fossil）。就像大腦STEM計畫一樣，尋鯊者讓參與者能分析更大量的資料，使得首次出現物種的發現相較於以往呈指數型成長。對學生和教師來說，這個計畫最顯著的效果是讓跨領域課程內容無縫接軌。學生能學到科學、社會和數學，同時使用閱讀和寫作技巧，尋鯊者可說是STEM學習的真正範例。

想了解更多PICK教育，請探索 CH2-17 。有關PICK教育計畫的內容，以及它對推展現行教育的各種可能性，請看報導 CH2-18 。

思考AI

- 就我們目前所學到的,哪些是屬於人類特有的學習方式?在適當環境下,機器能在哪些事情上做得很好?

- 在《大西洋》的文章中,圍棋高手雷蒙(Redmond)指出,當他跟AlphaGo比賽時,不知為何會感覺到一種「疏離感」(alien)。他說:「AlphaGo的下棋方式有些非人類特有的特性,讓我要進到棋局裡變得非常困難。」想一想,究竟什麼是人類會用來幫助自己下棋,但機器卻不會的元素?

- 如果AlphaGo可以在複雜的遊戲打敗圍棋高手,卻無法玩井字遊戲,那什麼又是蘇斯金和其他6歲孩童能做,但AlphaGo做不到的事?

- 機器學習欠缺「情緒」這項特質,將會如何限制AI的能力,尤其是在溝通方面?

AI機器學習7步驟

孩童天生的好奇心常會激勵他們學習,機器則必須接受訓練。Google雲端平台(Cloud Platform)推出一系列相當精彩的「AI探險」(AI Adventures)影片 CH2-19 ,在其中一集,開發人員郭(Yufeng Guo)把這個訓練過程分解成七個步驟:

1. **蒐集資料：**蒐集在開發 AI 載體（模型）時要輸入和使用的資料。這就是所謂的「訓練資料」。資料蒐集的品質與數量將直接決定預測模型的能力。

2. **資料準備：**勞里（Nathan Laurie）是華盛頓大學研究生，主修材料科學與工程，輔修資料科學，根據他的說法，在研發機器學習時，資料準備可能是目前為止最耗費時間的步驟，因為資料必須格式化，這樣演算法才能讀取。因為有大量資料要輸入，因此可能有好幾種來源需要重新格式化。勞里形容這是機器學習的「無趣部分」。他強調，盡可能從一開始就對資料如何最佳格式化溝通好細節，這點很重要。

   接下來，資料會傳到適當的地方，例如雲端儲存。準備資料也包括讓資料隨機化，然後分成兩組。其中一組用於訓練，另一組則是用於評估訓練後的模型。有時資料準備也包括去除重複資料或背景雜訊。

3. **選擇模型：**機器學習的模型有許多不同種類，端視你要機器回答的問題類型而定。例如，二元分類模型教機器預測二元結果，例如：電子郵件是否為垃圾郵件。回歸模型（regression model）預測數值，例如：明天的溫度。特定模型有最適合的特定資料。例如：臉部辨識軟體使用專為影像資料而設計的模型，而聊天機器人則可能需要文字基底

模型。

4. **訓練**：研發機器學習的過程大多發生在訓練步驟。在這個階段，資料會用來逐漸改善模型預測真實世界資料結果的準確度。權重和偏差應該要列入考量，如果適當的話，就升級為這個步驟的一部分。

5. **評估**：原始資料已經分成兩組，未使用的資料將用來判定模型在預測上是否有效，換句話說，就是模型在真實世界的表現。

6. **參數調整**：第六個步驟就是所謂的參數調整或超參數調整，程式設計師會檢視參數來微調訓練程序，這些參數包括他們執行訓練集多少次，或是他們在每個步驟能改善多少機器的能力。

7. **預測**：最後一個步驟是預測，判定機器在沒有人類判斷的輔助下，對於你想知道的事情的預測或推理能力有多好。

教電腦生成自然語言

為了讓我們與 AI 之間的對話感覺像人類一樣自然，AI 的回答應該要在對話的脈絡裡做整體考量才具有意義。換句話說，AI 必須在語境的前提下正確使用語言。研究人員和開發人員首先考量人類會如何回應。另一個考量點是：哪些資訊必須彙整，這樣才不會顯得重複或機械化？

要釐清說話的內容與方式，就必須要有穩定與可預測的規則，而這需要大量資訊，這種方法無法擴充到不同的脈絡、語言或輸出。例如，如果規則是為了某種機器而寫，好讓它們在回應時能提供氣象報告，那麼要用不同語言進行報告時，就需要建立一套新的規則。這會變成沒有擴充彈性的艱鉅任務。

我們針對模型必須生成的資料和語言提供範例，並且希望機器學習能形成自己的規則，自由發揮創意。勞里稱此為「無監督學習」（unsupervised learning），學習演算法得以在未標記的資料之間發展出連結。對人類觀察者來說，這些連結通常是隱藏的，或是使用傳統的資料分析技術也看不到。為了讓這個方法能運作，研究人員必須提供模型很多例子，使其在回答問題時可以引用。如果成功的話，不一定要寫這麼多條規則；機器學習可以做剩餘的工作。這是機器學習的目標之一。

 教學資源

教室裡的AI入門

- 「TensorFlow」遊樂場：在以瀏覽器為基礎的沙箱模擬中，動手體驗機器學習的訓練與參數。盡情玩吧！因為這個沙箱不管你怎麼玩，都玩不壞！ CH2-20
- 「AI探險」影片：請觀賞有關「機器學習七步驟」的影片說明 CH2-21

深度學習驅動機器學習

　　艾倫曾在一篇文章中解釋，要讓機器在各種脈絡和新奇狀況下展現跟人類同類型的智慧，我們還有很長的一段路要走。相反的，目前機器學習能夠在某個特定領域提供深度的專業。艾倫描述了相較於AI的人類大腦：

> 大腦的複雜簡直讓人驚嘆。每個結構經過百萬年演化的雕琢，就為了做某一件事——無論那件事是什麼。大腦不像電腦；電腦在正規記憶體陣列裡有幾十億個相同的電晶體，由具備幾個不同元素的中央處理器所控制。在大腦裡，每個單獨的結構和神經迴路都各自受到演化和環境因子的改良。我們愈仔細觀察大腦，就會發現神經變異性（neural variation）愈大。當我們知道更多，想了解人類大腦的神經結構就變得愈困難。換句話說，我們知道愈多，了解還有更多東西必須知道，我們就更常回去修正先前的理解。我們相信這個複雜度的穩定增加有一天會結束，畢竟，大腦是一組有限的神經元，而且根據物理原理運作。

　　試圖建立類似人類智慧的研究人員，通常是設法建立在狹隘領域有深刻知識的系統，目標則是結合這些系統以模擬人類

的學習方式。一些複雜現象能讓人類在不確定當中保持彈性、對脈絡保持敏感度、在經驗法則中了解差異、自我反省，以及接收靈光一閃；最近研究人員對於如何為這些複雜現象建立模型已經找到理論。

 了解AI

深度類神經網路

垃圾郵件過濾器是線性模型（linear model）的一個例子。但如果不像線性那麼簡單的話，會發生什麼事？深度類神經網路（Deep neural network，簡稱DNN）幫助資料科學家調整更複雜的資料集，更能推論到新資料。它們的多層架構容許更複雜的資料集，但缺點是類神經網路需要花更多時間訓練，規模也比較大，但可解釋性（interpretability）比較小。要調整到適當參數可能是艱鉅任務。

● 想更加了解深度類神經網路，請觀賞雲端平台「AI探險」影片 CH2-22

● 觀賞這部影片：「什麼是人工智慧（或機器學習）？」（時間約6分鐘） CH2-23

如我們所見，AI研究人員沒有深入了解大腦的運作方式（從認知和發展心理學到生物化學和神經科學），是無法成功模仿人類智慧的，這項努力需要許多不同領域的科學家共

同合作。為了這個目的，成立於2003年的艾倫腦科學研究所（Allen Institute for Brain Science），從一開始的目標在於了解大腦的探索，已經擴展到涵蓋對細胞內部運作的研究，以及對全球顛覆性科學觀念的資助。該研究所希望能更加了解大腦的運作方式，藉此研發出推動人工智慧發展的方法。

AI應用在不同領域的5個例子

為了幫助學生了解AI這個新興領域，身為教師和教育行政人員更需要掌握這個主題的最新動態。因此接下來，我們將介紹AI應用在藝術、動畫、材料科學、健康照護等五個商業和職業領域的例子。我們將觀察這些領域中具有影響力的領袖在AI領域裡做些什麼，以及他們如何影響和推動AI的方向。

這五個企業和可能的職業路徑，選自作者與目前在這個領域工作的研究生和專業人士的對談。它們各自代表一種利用機器學習的職業範例。在這些例子當中，機器學習被用於動畫、找出化學物和分子樣式、比人類知覺還快的快速物件識別（用於安全目的），以及辨認腦波。

皮克斯動畫工作室

　　雖然2018年應該是AI創下里程碑的一年，但在安吉拉尼（Andres Angelani）的〈關於AI和機器學習，皮克斯能教我們的事〉（What Pixar Can Teach Us About AI & Machine Learning）這篇文章中卻將AI里程碑定位在2004年，並主張皮克斯以電影《超人特攻隊》（The Incredibles）為我們開創新視野。在主角跟全能機械人（Omnidroid）打鬥時，機器持續在戰鬥，但也即時在學習，證明了它不但使用監督資料，也使用了無監督資料。監督演算法支持從過去的資料中學習，為的是要分析新資料。非監督演算法能夠從新資料集當中做出推論。安吉拉尼認為，因為全能機械人使用了這兩種演算法，它超越了時代。

 了解AI

　　透過動畫《超人特攻隊》，皮克斯教了我們哪些與AI和機器學習相關的事？請閱讀安吉拉尼在這篇文章中的完整說法　CH2-24

　　今日，皮克斯動畫工作室已經廣泛利用AI科技，創造出超越2004年的想像空間與動畫成就，他們甚至會就其成果發表論文，推動AI科技進展的下一步。可汗學院（Khan Academy）的課程「神奇皮克斯」呈現了皮克斯電影工作者的

工作日常，了解他們如何在動畫電影中援用傳統學校的課程知識，例如數學、科學和藝術，創造出令人驚嘆的動畫作品。

為了幫助年輕人未來在像皮克斯動畫公司任職做準備，「神奇皮克斯」讓學習者探索和創造不同現象的「模型」（如圖2.2的動畫角色塑造活動）。例如，使用者可以透過粒子系統（particle system）建立水和頭髮的模型，探索這些模型背後的物理學原理。同樣的，他們也可以透過建造模型探索數學概念。「神奇皮克斯」的每個活動都收錄了來自動畫師、研究人員和科學家的真實故事，不僅能啟發年輕人對未來的希望，還能幫助他們了解自己（和他們的教師）可能不知道已經存在的職業現況。

圖 2.2

學習者可以利用神奇皮克斯探索角色塑造。

透過動畫教STEAM

「神奇皮克斯」這個免費的線上資源和課程是由皮克斯跟可汗學院共同製作，目前已成為世界各地的許多教育工作者課堂上的教學資源。你可以在網站中了解皮克斯藝術家工作方式的幕後花絮，也可以親身探索依照各種主題精心設計的科學、技術、工程、藝術與數學（STEAM）課程。歡迎你一同探索 CH2-25

2018年5月，神奇皮克斯的共同創辦人德洛斯（Tony DeRose）解釋，皮克斯如何開始研究AI支援動畫的方式。他跟我分享他們就這個主題所發表的第一篇論文，去年夏天，他們在電腦圖學委員會（Special Interest Group on Computer Graphics and Interactive Techniques，簡稱SIGGRAPH）會議上提出這篇論文。論文描述了機器學習在渲染（rendering）上的特別應用，渲染就是利用電腦程式從3D或2D模型產生影像的程序 CH2-26 。

材料科學與工程

根據勞里的說法，機器學習已經「用在每個地方」。他解

釋，你可以提供描述符（descriptor）給機器學習演算法，它會找到它們之間的關聯，其他辦法可能無法偵測到。在他描述的情境中，我們可以利用 3D 列印為人類足踝製作網狀支撐物，它能在某些地方提供硬挺性，避免你做出特定的動作，但仍容許一般活動。3D 列印機利用噴嘴製作物體，噴嘴會以預先編寫好的模式四處移動，累積一層層的塑膠。它走的路線（以及留下縫隙的地方）決定最終物體的形狀。困難之處在於設計列印機可以走的路線，以在每個點確實達到需要的厚度。有了機器學習，你可以教模型一些噴嘴路線的結果，然後叫它製作你想要的足踝支撐物。將來在電腦輔助設計和 3D 列印相關領域工作的學生，有一天可能會依賴這類 AI 解決方案，幫助他們克服在工作上面臨的挑戰。

機器學習應用在材料科學上的另一個例子，是它預測材料和分子特性的能力。如同我們從「機器學習七個基本步驟」中學到的，其中一個目標是能夠準確預測結果或解決方案。勞里舉例，要決定哪些分子適合用在生質燃料上，逐一討論和做實驗並不是善用資源的方式。他主張機器學習是有效工具，能把科學家應該研究的分子縮減到一定範圍。

最後，勞里表示：「我發現有趣的事情是，即使你可以取得非常準確的非線性迴歸，這個『解決方案』並不是解決方案。它沒有對問題的物理學提供任何深刻見解。你可以讓它學

習物理學,但它並沒有在學物理學。它只是在學習結果。」

我們可以這樣想:這種「洞察力的缺乏」跟某些孩童很像,他們在學數學演算法時可以厲害到重複過程,甚至考試得高分,但是他們並不了解背後的觀念。當碰到嶄新的考題時,因為無法像過去那樣單純的重複模式,就無法得出準確的解決方案。同樣的,背誦字詞但不了解其意義的學生,或許聽起來朗讀得很流暢,但其實他們無法理解那個段落,或者是將背誦的字詞轉移到其他的情境中。

當我問勞里,他希望教育工作者對AI知道些什麼,他說:

> 一般來說,機器學習或AI不是免費的午餐。很多機器學習是來自實驗資料,所以資料必須⋯⋯「品質優良」。不幸的是,即使有適當的程序與科學,不是資料發表了就代表是好的。要預測某件事的時候,在資料裡加進更多描述符,只是在增加實驗雜訊。任何測量都會有雜訊存在。你也在混淆物理見解。現在又多了一個可能無意義的描述符。既然你無法利用機器學習獲得物理見解,要判斷你是對還是錯就變得困難。

了解AI

閱讀這篇文章〈資料科學：加速化學工程的創新與發現〉（Data Science: Accelerating Innovation and Discovery in Chemical Engineering），深入了解化學工程師可利用的統計、機器學習和視覺化工具。 CH2-27

AI應用在國防領域

薛爾霍斯（Ryan Shelhorse）少校是美國空軍F-22戰鬥機的駕駛。2018年5月8日，我問他是否在工作中使用AI。他告訴我，軍方目前處在人機組合（human-machine teaming）的早期階段，雖然AI科技的願景已經存在，但距離成熟階段還有很長的一段路要走。依薛爾霍斯之見，賦予機器自主思考的能力可能導致嚴重的後果：「一旦你訓練機器自己思考，它會發展到什麼程度、有多深入？」他的立場很直接：「不論如何，人類必須一直參與其中。」薛爾霍斯參與了負責創造人機組合程序的團隊。使用機器學習讓他們把多個資訊節點融合進單一輸出，讓終端使用者能判斷一架飛機是敵是友。他說：

在戰鬥機社群，我們努力的重點是辨識所有可能影響到任

務的升空飛機。我們的想法是，把橫跨多個領域的多個系統融合進單一資料中心，而它的作用就是辨識飛機。當我們能愈早且愈準確的辨識一架飛機，我們就能利用機動作戰裡的一項重要觀念。戰場指揮官（例如戰鬥機駕駛）能比敵人更快做出決定與採取行動，因為他們已經觀察到敵人，並且讓軍力對準了敵軍。當戰場指揮官維持這種主動性，並且能把他們的意圖傳達給戰場上的部隊，將會減輕與降低任務的整體風險，因為敵人只能就我軍的行動做出反應。

他說，AI 的可能性或許無窮盡，但他再次強調「必須要有關掉它的方法」 CH2-28 ，或是確認有人正在指揮整個部隊，這樣才能維持國際武裝衝突法（Law of Armed Conflict，簡稱 LOAC）的必要、區分與比例原則。

當我問薛爾霍斯少校，關於如何讓學習者為未來做最好的準備，他有什麼話要對教育工作者說，他表示：「採取更積極的做法，釐清每個學生的最佳學習方式。」這目前還是人類特有的細微差異，而且這份細微差異能在事情變得困難時，激發讓人堅持下去的熱情與動力。

了解AI

- 探索將AI運用在自主式武器系統（autonomous weapons system，簡稱AWS）中的可能後果 CH2-29
- 了解美國空軍如何使用機器學習，以更快且更準確的辨識敵機和友機的差異 CH2-30
- 了解空軍如何藉由新的感測器、雷達、航空電子和AI，讓他們的F-22戰鬥機為2060年做好準備 CH2-31
- 了解飛行員的訓練方式如何改變，讓飛機駕駛更習慣於使用各種科技 CH2-32

教育版DARPA

　　全球衝突與戰爭會以很多方式影響人類。國防高等研究計畫署（Defense Advanced Research Projects Agency，簡稱DARPA）這類組織在研發今日主流社會所使用的技術，例如自動語音辨識以及小到能置入行動裝置的GPS接收器，一直扮演著深具影響力的地位。

　　席林（Russell Shilling）是美國海軍退役上校和航太實驗心理學家，他曾為《科學美國人》雜誌（*Scientific American*）撰文，並提議創立「教育版DARPA」 CH2-33 。席林認為：「DARPA的方式不同於傳統的基礎或應用研究，是已故科學

政策學者史托克斯（Donald E. Stokes）在1997年出版的《巴斯德象限》（*Pasteur's Quadrant*）中所提出的一種分類。」巴斯德象限是以法國生物學家巴斯德（Louis Pasteur）的名字來命名，他運用基礎研究來解決特定與迫切的問題。2016年2月，教育駭客會議（EdFoo）讓500名研究人員、教育工作者和創新者在Google總部齊聚一堂，在這場活動中，席林向我分享實驗室研究和實務之間的差距，以及DARPA在處理較大挑戰時所採取的程序。

對DARPA來說，每項專案都像是一次登月計畫。雖然最終目標很清楚，但是在達成目標的過程中仍保有彈性，研究的可能性也無限寬廣。例如，從孩子接受學前到大學的教育過程中，由AI驅動的數位教師能否適應每位學習者？我們能否發展類似的技術，在正規教育的框架之外，支持或強化個人的終身學習？這些技術如何支援教師順利的理解學習者的進步與精熟狀況，而不用等到最後課程結束時藉由評量得知。

席林在文章中提到，我們必須召集「最具創新概念的研究人員、專業開發人員和教育工作者，組成團隊一起解決問題」。他在結論中提到，當人們仍抱持著改善教育成果的目標和願景，這個願景其實是可以調整的。就像DARPA的研究人員在1968年沒有預料到網際網路的發展。想要解決教育挑戰的人無法知道可能性，除非他們共同努力讓事情發生。

了解 AI

你知道嗎？如果沒有「DARPA」，今天的人類世界可能不會有網際網路，甚至不會誕生這本書。如今，「DARPA」的許多科技發展已經提供給一般大眾使用。想了解更多，請參考這篇文章：〈網際網路是如何誕生的？〉（How did the Internet start?）CH2-34

生物醫學 AI 應用的進展

機器學習應用在生物醫學領域上，能為各種身心障礙人士提供更多資源，致力於建立一個無障礙友善的環境。即使高功能、無障礙的腦機互動這個夢想目前還無法實現，但新技術已經能幫助一些具有外傷性腦損傷、癱瘓，以及其他限制行動、說話和聽力等失能情況的人。目前還有一些技術正處在前端測試階段，例如有一種新版本的程式，目的在幫助有閱讀障礙的學生（例如患有失讀症和失寫症、聽覺挑戰和視力損傷）。有些技術則是為了幫助一些沒學過手語的失聰或有聽力困難的學生，機器會利用動作擷取（motion capture）把美國手語轉換成語音和文字，讓沒學過手語的使用者也能獲取訊息。甚至有些剛到新國家、還不熟悉當地語言的學習者，也能在機器學習的協助下，順利進行語言學習。

教學資源

教室裡的AI入門

探索下列資源，多數是免費的，能讓你和學生受用無窮：

● **微軟的OneNote「學習工具」（Learning Tools）**：從第一次學習閱讀到支援有閱讀困難或讀寫障礙的學習者，這裡提供各式各樣的應用工具與解決方案，例如使用者可以用特殊效果標示文字、改變字和字母間的間距、改變對比和顏色、辨識音節、找出和標示部分語音、還能以其他語言朗讀。

強化的聽寫功能可以改善學習者的寫作能力。「焦點模式」可以集中學習者的注意力，改善其閱讀速度。「沉浸式閱讀工具」（Immersive Reader）可以在行動裝置上播放朗讀，對視障學習者特別有幫助，它也可以用來幫助學習者校對自己的文章，學習基本文法。想了解更多，請探索以下連結 CH2-35

● **微軟翻譯（Microsoft Translator）**：使用自然語言處理，輕鬆打破語言藩籬。你可以用自己的語言來講話或打字給另一種語言的使用者，對方會看到你的訊息以他們的語言顯示。微軟翻譯的Outlook增益集能讓使用者以自己偏好的語言閱讀和翻譯電子郵件。微軟車庫計畫之一的簡報翻譯，讓使用者直接利用PowerPoint提供有即時字幕的簡報，藉此打破語言藩籬。在他們說話的時候，這個由微軟翻譯即時功能提供支援的增益集，能讓使用者把字幕直接顯示在PowerPoint簡報上，支援的文字語言超過60種。這項功能也可以用於失聰或有聽力困難的聽眾。此外，在同一個房間裡，多達一百名的觀眾可以在他們的手機、

平板或電腦上，以自己的語言即時觀看簡報。想了解更多：CH2-36

- **Motion Savvy 公司的雙向溝通軟體 UNI：**這款軟體目前已在前端測試階段。UNI利用攝影機追蹤雙手和十指的位置，把美國手語翻譯成語音和文字。UNI有即時的回饋和手部圖示，以確認姿勢能被正確的捕捉到。使用者可以加上自定的手語，如同軟體的字典可以擴充字彙，並上傳到網路跟其他人分享。當人們愈常使用這套系統，機器學習就會變得愈準確。這套系統還包括一套頂尖的語音辨識軟體「Nuance Dragon Pro」 CH2-37

- **閱讀施切爾巴（Robert Szczerba）的文章：**〈改變聽力障礙和聽力困難者現況的四項新技術〉（4 Game-Changing Technologies For The Deaf And Hard Of Hearing） CH2-38

　　如同我們在這章所看到的，AI的發展需要更多努力才能把理論化為現實。為了突破機器學習的限制，科學家必須更加了解人類大腦的運作方式。

　　2018年，一篇發表於美國的科技新聞及媒體網路平台「The Verge」的文章提到：「AI要成功，生猛的計算能力不是最要緊的事，演算法設計方式的巧妙至少同樣重要。」文章指出，在某場AI工程挑戰中，Google和英特爾（Intel）這些大型科技公司和來自大學和政府部門的規模較小隊伍同場競技，製作出最快和最便宜演算法的前三名隊伍，都是跟「fast.

ai」有關係的學生研究人員;「fast.ai」是一個致力於讓深度學習能為所有人取用的非營利組織。該機構的共同創辦人把學生的成功歸功於他們的創意思考能力,讓他們能利用基本資源產生致勝的結果。他們希望人們知道,任何人都能利用容易取得的資源做出偉大的事情。

 了解 AI

閱讀文章,了解 AI 速度測試如何顯示,聰明的程式設計師依然可以打敗 Google 和英特爾這些科技巨擘 CH2-39

AI的倫理考量

雖然本書的最後一章會更仔細的探討 AI 的倫理考量,但及早並且頻繁的思考這件事仍有其必要性。我們已經知道,演算法的品質與其準確預測或推論的能力只會跟它的訓練資料一樣好;另外,資料的蒐集方式會造成差異。目前人們蒐集的資料多數來自研究機構和醫療機構,這些資料樣本可能本身就有偏誤,無法為結果或解決方案的推論和預測提供完整、準確的圖像。企業也會在我們使用網路、行動裝置和電腦時,隨時從

我們身上蒐集大量資料。

正如本章開頭提到的賈瑞德所言，為了打造合理的模型，你需要至少一萬個有標籤資料集（labeled set），即使如此，模型也不是完全準確。為了達到合理的準確度，你需要大約一百萬個數據點（data point）。正因如此，大數據（Big data）公司需要從我們身上取得很多資料，這樣才能創造出準確的模型。然而科技發展如此迅速的情況下，法律和協定都還沒有清楚定義哪些資料可以免費被取用，而基於哪些目的下可以取用人們的資料。

勞里和威爾森也指出，目前AI還在初期發展階段，不準確或偏誤的模型可能導致非預期結果。所以完全透過自己的思考來達成目標的AI也會如此，這促使薛爾霍斯少校強調，人類在機器學習當中保持控制的重要性 —— 不要讓它完全獨自發展。

另一個倫理考量則跟《人類派不上用場》 CH2-40 這部影片中提出的問題有關。自動化與其造成的工作變化可能導致員工失業，他們只發展一套技能，在工作被機器取代時會無法適應。在這種情況下，這份負擔就落在我們肩上，當年輕人學著如何為機器學習愈來愈完善與無所不在的世界做好準備時，我們身為教育工作者，必須找出積極的方法以支持他們。

當被問到關於充滿AI的未來，他想要教師知道些什麼，

賈瑞德說學生應該學統計和程式設計概念。人工智慧和機器學習的設計師必須從規定式設計轉移到描述式設計。換句話說，你不是告訴系統如何做事情，而是教它目標，然後看它如何達到目標。在他的描述中，這類似在教孩童：他們可能會讓你詫異，想到你從沒想過的程序。

學生版與教育版ISTE標準

今天的學生必須為了迎接未來不斷蓬勃發展的科技環境中預做準備。因此教育工作者必須重新檢視，我們希望年輕人在完成正規教育時能夠培養哪些能力。這項任務可能很艱鉅，所幸國際教育科技學會（ISTE）已經提出「教育版ISTE標準」做為準則　CH2-41 　，以提供教育工作者努力的基礎與方向。

是的，科技會不斷的變化與發展。這意味著我們必須適應變化，並教會我們的年輕人適應變化。「教育版ISTE標準」的誕生正是為了確保學習者能推動自己的學習，並且保證他們的聲音與意見會被聽到而且納入學習過程。

我們必須知道現在已經存在的技術，同時緊盯著未來，這樣才能支持與引導學生。我們也希望學生能辨認和區別可驗證的主張，使用他們獲得的知識，把所學用於創造，讓我們更能

為當地和全球挑戰找到解決方案。除了知識,我們希望學習者還能夠:

- **在艱難時期仍堅持不懈,而且變得更有適應力。**
- **培養關懷與同理心,能為人們的真實問題設計出有創意的解決方案。**
- **在學習新技能時正向面對挫折,並且保持思考上的彈性。**
- **成為有責任感的人,並且發展與他人合作的能力。**
- **從過去的經驗中學習,卻不會身陷其中而注定重蹈覆轍。**
- **具有辨別能力,不會被牽著鼻子走而輕易相信任何事。**

　　在重視職場技能要能支持創新的社會中,學生的學習方式跟我們希望他們在貢獻社會時所具備的能力,兩者之間必須達成一致。

　　在某些方面,我們希望學生在正規教育結束時所具備的能力,其實截然不同於目前的機器能耐和AI狀態。目前仍有一些學習層面是人類特有的。就我們所知,在推論和處理感官資訊加以創造、創新,以及應對各種環境與情境上,AI目前仍不能像人類一樣,把知識轉移到新的領域。目前,那種AI等級依然屬於科幻小說領域。不過,看到我們周遭既有AI的能力,能提供人類靈感,讓我們想像可能發生的事。

思考AI

- 觀賞和討論影片《人類派不上用場》 CH2-40 。對於機器目前既有的能力，哪些最讓你感到訝異？
- 目前機器在哪些事情上，還是無法跟人類做得一樣好？
- 如果今天許多工作變得自動化了，你覺得哪些工作在未來依然會存在？
- 人類的學習方式跟機器的學習方式有哪些相似之處？人類和機器在學習方式上有哪些差異之處？
- 在最初的倫理顧慮中，哪些是我們應該考量的？

　　為了了解AI如何運作，教育工作者和學生首先必須確實掌握其能力和限制。記住這些問題的答案，接著請到下一章，繼續探索利用AI教學的各種方式。

利用AI的教學方法

茶道與設計思考

登場人物：

正頭英和：日本立命館小學英語教師、ICT教育部長

堀江未來博士：立命館小學校長、立命館大學副教授

蜜雪兒：本書作者

場景：

堀江未來和正頭英和帶領作者參觀立命館小學

時間：2017年10月

圖 3.1

日本京都，2017 年 10 月。

第一幕

第三景

背景： 京都，這個有著千年歷史的古都，此刻正值樹葉轉黃
的季節，每年到了這個時候，就會展現出最巔峰、最
璀璨的繽紛色彩。京都至今仍是日本傳統文化的中
心，保有眾多歷史建築及聯合國教科文組織認證的世
界文化遺產。

位於京都的立命館大學成立於1869年，是一所歷史悠久的私立大校。校名中「立命」一詞是源自中國古代哲學家孟子所說的：「夭壽不貳，修身以俟之，所以立命也」，而日語的「館」則代表地方。所以立命館的意思，就是「建立自己命運的地方」。

立命館大學被公認為日本關西四大名校之一，以國際關係課程而聞名，與加拿大的英屬哥倫比亞大學、澳洲墨爾本大學、雪梨大學、英國倫敦國王學院、香港大學等各地知名大學有交換學生計畫。

立命館小學離京都市北區北大路車站只有一小段路程，是立命館大學的附屬學校之一，因此立校宗旨是「培養孩子的國際視野」。在這所小學中，不僅致力於培養學生的倫理道德與開放視野，同時也重視每一位孩子的獨特個性。

啟幕時：

心のコップを上にしよう

倒過來的杯子

無法被斟滿

蘊藏於傳統中的價值

圖 3.2

立命館小學學生製作的茶碗。

　　安靜的走廊上，硬木地板閃閃發亮，牆邊淺色木架上排列著深色陶器。陶器邊緣的圓弧造型，對應著木架與地板的筆直線條，為整體空間帶來一種既平衡又富對比性的視覺感受。

　　每件陶器都是如此獨特，有著各自不同的大小、形狀、深度與光澤。它們呈現出自信、開放的姿態，等待著被注入生命不可或缺的水、傳承文化傳統的抹茶，然後讓水與抹茶在此完美的融合。

　　這些陶器是茶碗，是傳統日本茶會中使用的器具。創作者是一群 10 到 12 歲的孩子，他們準備在立命館小學學習茶道。在日本，茶道被視為三種古典「雅道」*之一。

　　茶道的四大精神包括：「和」（和諧）、「敬」（謙敬）、「清」（純淨）、「寂」（內在的寧靜）。這些精神不僅與茶有關，更是對人與人互動的重視。其背後的哲學是：我們應該珍

---

* 三大古典雅道分別為：香道、花道與茶道。

惜彼此的每次相聚，因為每個當下都是獨一無二、永遠無法複製的。

茶道中的一切牽涉到倫理學的學習與體驗，參與者共同透過茶道來探究生命、生活和人際關係的重要性與深層意涵。這正是立命館小學設立「立命科」的用意，他們創造一個傳統日式空間，讓孩童透過茶道與花道學習人際互動的禮儀，培養尊重倫理與自律的價值。

轉了個彎，我們看到有一間教室，教室裡桌上擺滿白色塑膠盒，每個盒子都裝著學生正在進行的機器人專案。教室內側玻璃門後的活動空間中，一群孩子看起來開心極了，笑聲不時從玻璃門傳出，整個空間洋溢著興高采烈的氣氛。這群孩子正在編輯專案的介紹影片，裡面展示了他們一起精心設計的機器人，也呈現出對專案執行過程中成功與失敗經驗的反思。最

圖 3.3

立命館小學裡，學生正在進行的機器人專案。

後，他們將以英語對校外來賓進行簡報。

這個活動從孩子們合力著手設計機器人、製作多媒體影片，再到實際發表活動，結合了第二外語、設計思考，以及STEM的跨學科知識應用。

聽完簡報，我們繼續走到下個走廊，閃閃發光的硬木地板旁有一排水槽，水槽邊有個桶子，裡頭滿是萊姆綠色手把的雨傘。在走廊的盡頭，有一具機器人站在那裡。

我們走進機器人旁的學習空間，孩童正使用「Minecraft教育版」，在Minecraft的世界中建構京都當地的世界文化遺產。他們通力合作，創造所處城市的代表性建築，供世界各地的人進行探索。

一天結束時，學生們必須清掃環境。他們依然帶著微笑，不只擦桌子，還一起合作拖地板，這就是走廊為何會閃閃發亮的原因。

圖3.4

立命館小學的學生在Minecraft
世界中，建構京都最具代表性的
傳統建築。

圖3.5

立命館小學的走廊。

　　放學後的安靜走廊邊，一整排上了深色釉的陶器仍安放在淺色木架上，硬木地板兀自閃閃發亮。

第三景 完

教學資源

- 觀賞TED-Ed影片《茶的歷史》（*History of Tea*）CH3-01，並參考影片右側「思考」（think）及「深度挖掘」（dig deeper）欄位相關內容。

- 觀賞這支影片 CH3-02，聽聽日本小學生在合作打掃校園環境中學了到些什麼。想一想：影片中小學生的想法和《瓦力》中的人類有什麼不同？如果人類不學著照顧自己的環境，將會發生什麼事？

思考 AI

- 本章開頭的故事，與 AI 教學有什麼關聯？
- 為什麼作者要先介紹「茶道」，而不是立命館小學所使用的「現代科技」？
- 在前幾章的故事中，「背景」的文字量較少，「啟幕時」的內容較多。為什麼這一章卻包含較長的背景介紹？
- 「啟幕時」俳句的標題為什麼要用日文？如果你沒學過日文，有哪些方法可以幫助你了解這個標題的意思？
- 「啟幕時」放俳句的目的是什麼？你認為這首俳句想傳達出什麼意涵？
- 日本俳句遵循特定的模式，透過限定數目的行數與音節來表達詩意，這具有何種價值與意涵？
- 在文學術語中，「伏筆」是對未來事件的暗示。你認為本章前面的「俳句」，是要為接下來哪些內容預埋伏筆？「俳句」跟 AI 又有何關係？
- 在前面兩章中，你覺得有哪些內容可以跟這個故事做連結？
- 「立命館」學校名稱的典故以及茶道所體現的精神，對我們在思考教育工作者接觸 AI 時需要思考的學習內容，提供哪些清楚的角度？
- 立命館小學希望學生在知識學習的同時，還能培養哪些重要的基本能力？
- 「培養孩子的國際視野」的教育目標，對你而言是重要的嗎？
- 在日本文化中，「對比」是個很重要的概念。在前面的故事中，你還發現哪些對比性的事物？這個概念又能為 AI 研究帶來什麼

幫助？

- 立命館小學將科技應用於課程的方式，是否有哪些地方讓你感到詫異？課程中結合了哪些領域的學習？學生運用哪些工具來展示學習成果？
- 為什麼要讓學生打掃校園環境？學生能從中獲得什麼好處？
- 影片中關於學生打掃校園環境的討論，對致力於幫助學生迎向AI時代我們而言，有著什麼樣的啟示？

如何將AI融入現有課程？

步入新的千禧年後，至今已過了20年時間。對於生長於數位時代、早已習慣科技快速進展節奏的學生而言，傳統文化似乎總顯得有些格格不入。

傳統茶道是否可能幫助學生做好準備，讓他們「順利適應未來不斷變遷的數位世界，並且在其中成長茁壯、自我實現」呢？立命館小學學生在探索這個問題的過程中，學會如何在看似對立的「新科技」與「舊傳統」之間，建立起緊密的連結。

無論是「像個等待被斟滿的茶碗來學習傳統文化」或「準備學習訓練機器所需具備的演算法知識」，勇於接納嶄新事物的態度，讓他們得以展現出驚人的學習能力。在這間學校中，

孩子們確實被注入了AI所無法企及的競爭力，他們能在練習茶道、剪輯影片、打掃校園等任務之間無縫切換，並將學到的東西遷移應用到其他領域。

科技進步的速度只會愈來愈快，開放態度與靈活思考，是迎向未來所必備的能力。克魯格（Nicole Kruege）在發表於ISTE部落格的文章中指出：「過去五年中，需要AI技能的工作占比已成長4.5倍，而且隨著AI技術的普及，所占比重只會愈來愈高」。

我們眼前的這群孩子，全都是誕生在數位時代的「數位原住民」，運用新興科技來輔助學習與工作，已是流淌在他們血液中的第二天性。身為教育工作者，不管你的專業是哪個學科領域，我們有責任跟上潮流並支持學生繼續發展他們的第二天性。

科技不斷進步，我們勢必得跟著進步。然而，「到底該如何將新技術融入現有課程之中？」這個問題往往令教師有些不知所措。克魯格的建議是：「就像教授其他科目時一樣，成功將AI融入教學的關鍵，是先從『設定學習目標』開始，然後再問：『如何讓AI幫助學生達成目標？』」

在各個學科領域中，已經存在許多學習目標。但為了因應新技術的整合，我們必須在增添相應的學習目標，以幫助學生成為：

- **有能力的學習者：**能夠憑藉學習到的科學知識，運用科技主動去選擇和達成自己的學習目標，並展示其實際成果。
- **數位公民：**能夠了解在數位時代的生活、學習和工作中，自己所擁有的權利、責任和機會，並能以安全、合法、合乎道德的方式採取行動。
- **知識建構者：**能夠有意識的運用數位工具來安排各種資源，以建構知識、產出創造性的成果，並為自己和他人創造有意義的學習經驗。
- **創意溝通者：**能夠發展並採用可有效理解與解決問題的策略，並借助技術方法來研發和測試解決方案。
- **全球合作者：**能夠有效運用數位工具，以開拓自己的視野、在與他人的互動合作中持續學習，並在本地或全球工作團隊中發揮所能。

在前一章，我們已經探討 AI 在商業和教育領域的應用成果，以及讓學生為未來就業市場做好準備的重要性。不同於農業或工業時代，數位時代的新興技術與應用在未來就業市場上將無所不在，因此將 AI 帶入 K-12 各年段教室，已經成為首要之務。

雖然教師在備課與教學工作中已承受相當重的負擔，但我們仍有責任協助學生，為未來將置身於科技不斷進化、日新月

異的工作場所做好準備，同時也要意識到，「使學生精通新興科技」已經成為社會大眾所期待的教育目標之一。

拉納辛格（Arjuna I. Ranasinghe）和萊雪（Diane Leisher）在2009年發表的〈把科技融入課堂的好處〉（The Benefit of Integrating Technology into the Classroom）中提到：「無論是在中學或大學，『讓學生為進入就業市場做好準備』始終是教育工作的重要責任之一」。他們進一步建議：「若要把科技融入課程，第一步是要讓教師開始以有意義、具相關性的方式，使用科技來協助課程準備工作。換句話說，我們該做的是『用科技來支持課程』，而不是『用科技來支配課程』」。

接下來，我們將藉由專題導向學習、設計思考等案例，探討如何以AI支援STEM或STEAM的教學。我們也會談談相關的「ISTE標準」及「新世代科學標準」（Next Generation Science Standards，簡稱NGSS）。當身為教師的我們對AI應用有更深入了解，就能幫助學生熟悉AI，並習慣運用AI來完成日常任務。

把對 AI 的知識應用在教育上

關於什麼是「人類智慧」至今人們仍眾說紛紜，對於什麼

才算是「機器智慧」自然更是爭論不休。在前兩章中，我們檢視了人們討論AI的方式，同時了解機器學習（AI的子領域）如何運作。但事實上，至少到本書出版時，還沒有人想出該如何創造真正的AI。如同許多其他重要領域一般，當我們對一個主題知道得愈多，往往就愈了解仍有太多東西需要學習。

你或許還記得第一章曾提到，在1955年，達特茅斯一群教授自信滿滿的相信，過了一個夏天就能解決AI的挑戰。但事實證明，這個挑戰的複雜度遠遠超出他們想像。打從人們開始進行AI研究以來，對於即將面臨的困難已有諸多揣測，然而之後遇到各種挑戰根本完全出乎意料之外。艾倫曾經在〈奇異點並不近〉（The Singularity Isn't Near）一文中提到：「當我們對於大腦的探索愈深，我們看到的神經變異性（neural variation）就愈大；當我們對大腦神經結構學得愈多，想了解大腦就變得愈困難。換句話說，我們還有很多研究要做，得先真的了解人類智慧的運作方式，之後才可能讓機器複製人類智慧。」

對於教育工作者而言，我們所面臨的挑戰則是如何解決以下問題：「如果AI至今仍在發展中，我們該如何在課堂上運用它、該如何讓學生認識它？」「透過AI相關的教學，我們希望學生學到什麼、希望學生獲得哪些與未來有關的能力？」

讓學生學會如何寫程式、如何開發聊天機器人，這當然是

件好事。但會不會有那麼一天，AI能比人類更快寫出基本程式碼呢？除非我們向學生展示該如何運用所學到的人文能力（好奇心、創造力、建立事物間的聯繫）；否則最終不過是把他們教成像機器一樣，只會遵循一套固定程序。

因此，關於AI的「教」與「學」，以下四點值得我們特別注意：

熟悉AI相關語彙

當各界對AI的看法仍有各種不同觀點，要將AI融入課程自然是件很有挑戰性的事。為了補足對於AI的知識，本書盡可能提出各種值得深思的問題、提供值得觀看的多媒體資源，以及有助於進一步了解AI的連結。正如同我們在已經看到的，目前AI被應用在藝術、動畫、材料科學、健康照護等各種迥然不同的專業領域。在橫跨多個領域、援引各種不同研究典範為基礎的新知識領域中，一些語彙常交錯使用，有時甚至混為一談，讓人很難掌握。唯有熟悉AI相關語彙的意涵，才能在大量接觸相關資源時，能夠辨別人們在AI定義方式上的異同，以及有時人們的不同說法其實是指稱同一種技術。

成為具有彈性的教師

身為人類，我們能夠透過經驗的累積，在活動、思想和程

序上，學著變得具有適應力、彈性和變化性。身為數位時代的教師，意味著要扮演起更具彈性、更能適應變化的關鍵角色。到目前為止，AI只能解決一部分特定問題，機器無法像我們能夠隨機應變。例如，當我們注意到工廠裡有電線脫落，可能阻礙生產線運作，那麼我們會立刻主動排除脫落的電線，讓生產活動可以持續穩定進行。但如果換成是機器人，它們不僅不容易辨識出電線，也很難即時將電線移走。

在AI技術飛快演進的洪流之中，我們很難確切知道未來到底會有哪些改變，但可以確切知道的是：教師能夠展現人類所獨有的彈性與應變能力，來適應任何改變。有些人對AI進入教學場域深感憂心，認為有朝一日教師會被電腦所取代。事實上，教師的角色的確可能會有些調整，但我們的存在絕對有不可取代的必要性。教師永遠不會被AI取代。

建構AI時代的新倫理規範

如果我們要跟那些設計來複製人類智慧的機器互動，我們要如何向它們學習，它們又要如何向我們學習？這將如何改變我們身為人類的本質，以及它們作為機器的本質？我們假定倫理規範是在社會互動與影響下，因應人際互動所需而產生。試想，如果世上只有你一個人，你知道自己的行為與思想完全沒機會影響到別人，你還會想為這樣的世界建立倫理規範嗎？

　　未來的情況則剛好相反，在既有的生存空間中，又多了許許多多具有智慧的新成員，那麼該如何與它們在社會層面、國家層面或全球層面彼此相處？新情勢將衍生出新難題：我們該如何讓幫助學生做好準備以邁向嶄新的AI時代，以及我們是否能建構一套足以滿足AI時代的新道德規範？

AI與文化

　　人類在設計驅動機器人和機器學習的認知系統時，經常會帶進自己的價值觀與文化背景。就像當我問幼兒園階段的孩子：「如果讓你來設計機器人，你希望機器人能做什麼？」得到的答案大多是些孩子或家人不想做的事，像是撿垃圾、洗碗、打掃房間、寫作業等。

　　這讓我們不禁想起第一章裡對「機器人」（robot）這個字源的描述。以及電影《瓦力》中，當人類選擇不為周遭環境負責，而是依賴機器去做所有自己不想做的事情時，人類世界將會變成什麼模樣。

　　這些思考在在顯示，「把自身責任委以機器代勞」的心態，極有可能對人類和地球帶來負面的影響。就像「倒過來的杯子無法被斟滿」，當我們切斷了與環境間的連結，也將失去向環境學習的能力。立命館小學所規劃的課程內容，正是希望阻止那一天的到來，因此他們致力於培養學生自我管理的文

化，要學生為自己的環境負起責任，而不是指望機器代勞。

邁入AI時代，文化的意義將更顯重要。在學校透過專案導向學習、STEM和設計思考，以奠定學生駕馭新科技能力的過程中，傳統文化依然扮演著重要角色。

若希望保有學校的獨特性，關鍵在於不要為了追尋現代科技，而放棄了每所學校擁有的豐富文化遺產。我們不該遺忘過去，而是應該學校及所處的社區中堅守使命，以確保文化被明確定義，讓歷史得以恢復、更新和傳承。藉由調整對未來的願景，我們可以看見既有文化和機器學習不僅可以並存，而且能夠相得益彰。

立命館小學的學生運用「Minecraft教育版」重現世界文化遺產就是一個很好的例子，可以參考他們的YouTube影片 CH3-03 ，以及本章開頭的圖3.4。

在這所學校中，教育工作者已充分體認遊戲對增進學習動機。他們利用這份動力幫助學生自我挑戰，讓他們透過遊戲的方式，與地球另一端的孩子合作建構京都的歷史文化遺跡，展開技術與文化的交流。想要了解更多有關京都立命館小學和華盛頓倫頓基督教學校之間的跨文化Minecraft專案，請見 CH3-04 。

思考 AI

- 如果「通用人工智慧」真的誕生，它可能偏離程式設計者所屬的文化嗎？它會學習運作過程中所接觸的文化，還是會發展出自己的文化？為什麼？
- 如果 AI 發展出自己的文化，當人類和機器互動時，所遵循的又會是什麼樣的社會文化規範？
- 請想像一下，你希望未來能生活在什麼樣的環境和文化之中？

在快速進步的領域裡教學

AI 的快速進展，往往讓教育工作者很難決定教學方針。每天都有新文章發表，該如何確認哪些資訊在持續變化之中依然成立？尤其當與不同領域的專家合作時，對方談論 AI 的方式可能完全不同。在參加專業發展會議和教育技術會議時，我們多麼期盼能偶然發現一盞能夠指引出清晰道路的明燈，像是一套工具、一份檢查表之類的，讓我們在討論新技術應用在教學時能夠變得簡單些。

然而我們心裡浮現的卻總是：「我的天啊！又得多學一套工具」、「我要怎麼把這個新東西塞進早已爆滿的行程表？」

或是「關於AI的資訊實是在太多了，要怎樣才能全部了解？」

目前大家所談到的技術，哪些還在理論階段，哪些已經運用在實際環境？這些問題可能會讓我們更加疑惑，我們又該如何讓學生為AI新領域做好準備？你可能會問自己：這一切代表什麼，又要如何運作？如果你在探索這個新領域的教學方式時想法改變了，那也沒關係。隨著這個領域的發展，觀念勢必會隨之成長和改變，新的知識會改變舊的假設。爭論會持續下去，因為在所有人還沒有就AI取得單一、清楚的定義，AI的定義又持續發生變化。

沒錯，嶄新的領域可能總是一團混亂、模稜兩可，但這也是新技術令人興奮的原因之一。如同我在華盛頓大學的研究方法講師洛頓（Juli Lorton）說的：「這些現象其實只是在告訴我們：研究該領域的時機已然成熟。」她補充說：「這時該做的，是探索並找出一條新的道路，而不是回頭走上一條車水馬龍的老路。」

要讓學生為充滿AI的未來做好準備，我們不能只教他們文書處理、多媒體簡報或程式語言，因為當人類跟機器的互動日益頻繁，需要考慮的面向絕非僅止於此。所以壞消息是：我們無法找到一套必然成功的AI課程教學方案，也沒辦法叫AI去幫你上課。不過還是有個好消息：即使圍繞著你的工具跟技術持續改變，但你在教室中所進行的那些重要之事，未來還是

會一直繼續下去。

加州州立理工大學（California Polytechnic State University）一位物理學教授跟我說：「如果機器能夠代替老師，那麼讓機器去做吧。」他的意思是，身為教育工作者，我們不應該做那些機器就能做的事，例如：盯著學生死記硬背、講授固定課程、實施標準化評分、教導基本技能，以及傳達既定事實等。

事實上，相較於人類教育工作者，機器比較不會有個人情緒，即使學生一再算錯像是「2+2」這種程度的題目答案，或是一再拼錯同一個單字，機器也永遠不會感到厭煩或失去耐心。對於較為冗長的作業，還可以透過機器將作業遊戲化，提高學生持續練習的動機。這些工作若能由機器代勞，教師就投注更多時間與精神，培養學生那些專屬於人類的能力，例如：有效的提問策略、發展學習遷移，以及主動建構知識的策略。

來自台灣的知名創業投資者李開復，在 AI 領域已深耕超過 30 年，並曾擔任 Google 全球副總裁兼大中華區總裁。他曾說：AI 沒有同理心，但我們人類有責任發展和應用同理心。此外，他認為還有許多事是 AI 辦不到的，像是需要創造力、應變力，以及高複雜性的工作等。

高感性和高科技的學習

韓國前教育科學技術部部長李周浩（Ju Ho Lee），現在是韓國發展研究院公共政策與管理學院（KDI School of Public Policy and Management）教授。他在最近發表的一篇文章中，提到「高感性、高科技」（high-touch, high-tech）的學習模式是未來唯一的方向。

所謂「高感性」是指在教師的支持下，進行專題導向學習；「高科技」則是指在AI和行動裝置支持下，進行個人化學習。這個模式是建立在「布魯姆教育目標分類」（Bloom's Taxonomy）的基礎上發展而成。

圖 3.6
將「高感性、高科技」教學模式運用於布魯姆的教育目標分類。

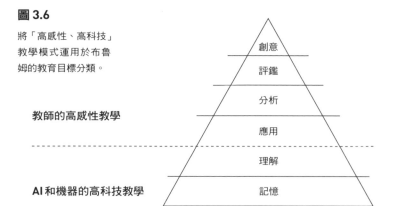

教師的高感性教學

AI和機器的高科技教學

創意
評鑑
分析
應用
理解
記憶

資料來源：Johnson, Dale P., Adoptive + Active Model: A New Approach to General Education, Arizona State University, 2018.

「高感性、高科技」的學習模式是由亞利桑那州立大學（Arizona State University）適性學程計畫主任強森（Dale Johnson）所提出，目的在說明學生能夠發揮創造力，成為有能力的學習者、知識建構者，以及創新設計者之前所需具備的能力基礎。在圖3.6中，我們看到教育目標分類的最底層是「記憶」，這意味著學習者得先擁有堅實的基礎知識，才可能逐漸向上發展，最終展現出獨特的「創造」能力。這種重視基礎知識的觀點，與時下一些流行觀點是剛好相反的，但知識與記憶確實有扮演著重要的角色。

舉例來說，學生如果要能有效理解課文，他必須知道單字的意思，以及是要表達什麼意涵。如果學生不熟悉文章中的單字，就無法自動化的閱讀，那些陌生單字會馬上塞滿他的短期記憶，使得閱讀變得斷斷續續。因為光是要解讀短期記憶中那些單字到底是什麼意思，就占去大腦絕大部分的工作量，自然也會影響到對整體課文的理解。

那麼該如何幫助孩子記下單字的意思？麥迪納有個一針見血的建議：「我們靠複誦來記憶。」因此，我們可以利用AI的自然語言處理大聲朗讀字詞，幫助學生加強記憶。當學生能夠自動化的記憶字詞，就能減少閱讀時的認知負擔，不必把珍貴的認知資源全用在解讀那些陌生的單字上。

當我們在討論選擇哪些教學方法以面對充滿AI的世界

時，我們必須不斷問自己兩個問題。第一個問題是：「我們希望當學生完成正規教育後，他們能夠具備哪些能力？」；第二個問題是：「我們希望未來的社會或世界變成什麼樣子？」要回答這兩個提問，必定牽涉到我們對未來的願景、使命，以及解決問題的行動。

2016年夏天，我參與了迪士尼學院（Disney Institute）課程，了解到該企業如何透過經營策略來邁向卓越。迪士尼在維持既有使命的同時，不斷調整對於未來的願景。在競爭日益激烈的市場中，如果無法不斷隨時代進步，勢必無法維持領先地位。但迪士尼真正卓越之處，在於求新求變的同時，仍然維持始終如一的品牌使命，讓我們依然能夠輕易識別出它，維繫與它的緊密連結。

對於教育工作者而言，迪士尼的例子深具啟發性。當我們引導孩子迎向那個不斷發展、經常變動、充滿不確定性的AI時代，同時也要讓他們知道，今天媒體上的新聞頭條，到了五年或十年後有可能完全不是那麼回事。還記得我們在第一章談到的「AI寒冬」嗎？當時新聞頭條說：AI發展被高估而終於導致幻想破滅、贊助減少。這樣看來，研發AI的人員所作的相關努力似乎註定要失敗，不過仍有許多人堅持願景，繼續尋求突破之道，才終於迎來今日榮景。

除了堅持願景，行動力也非常重要。那麼，我們該如幫助

孩子做好準備，讓他們具備數學、統計分析、透過團隊合作解決問題的能力，以便在不遠的將來，繼續推動醫療、科技等領域的發展？接下來，讓我們來談談兩種重要的方法：「設計思考」與「STEM」。

設計思考

「設計思考」是一套解決複雜問題的方法。目前被許多領域廣泛的使用，從文學到工程等創新領域，創新者會使用設計思考的循環過程來進行實驗、測試和改進他們的方法。學習設計思考的步驟，能幫助我們從使用者需求出發來解決所遇到的問題。設計思考的步驟是：學習同理心、定義問題、形成概念、設計原型，最後則是一連串的測試、回饋和反思。一間重視設計思考的教室，就像是孕育絕佳創意的實驗室，將源源不絕的迸發創意點子。

◖ 了解 AI

- 觀賞「設計思考教師訓練」影片 CH3-05
- 研究史丹福大學網站上有關哈索普拉特納設計學院（Hasso Plattner Institute of Design, d.school）的頁面，深入了解設計思考

CH3-06

■ 「全球設計日」（globaldayofdesign.com）聚焦於在學校使用設計思考的過程。目標是要激勵全世界的學校進行變革，把設計整合進學校和學生的日常生活實踐當中。過去兩年，來自四大洲950所學校，超過十萬名學生參與了這個活動。

設計的擴散性思考

　　人不是天生就是左腦型人或右腦型人。人類心智天生就能發展出建立連結的能力，使我們突破限制而想出新的解決方案。身為教育工作者的我們應該教會年輕人學習方式，幫助他們練習擴展大腦的能力。布里格斯（Saga Briggs）曾根據研究指出，當學生在教育初期接觸到擴散性思考，他們會變得更有創意，當下如此，之後成年後也是如此。

了解 AI

● 觀賞美國公共電視網的紀錄片《摺紙之間》（*Inside Between The Folds*） CH3-07 ，討論你在片中看到哪些擴散性思考，以及藝術和科學如何相互交流。

● 使用「創意限制」說故事。倫頓中學學生費南德茲（Jennifer Fernandez）的影片是一個好例子，在這支影片中，費南德茲結合日本研究和民間故事，並且透過摺紙來說故事 CH3-08

建立連結和講話流暢是兩件人類做得很好，但機器做得不好的事情。奧格登（Rob Ogden）曾在他為「UploadVR」寫的文章〈AI和說故事：不太可能的友誼〉（AI and Storytelling: An Unlikely Friendship）中提到，未來當AI跟視覺影像和遊戲相結合，可以發出什麼樣的火花：

> AI可以把生命帶進虛擬實境（VR）的無窮世界，使其成為真正身臨其境的沉浸式另類宇宙。它可以讓這些世界住著一些真實且令人信服的角色，不管你是自己一個人玩或是在大型多人遊戲中與其他玩家一同玩，都可以盡情享受在其中。

用紙和彎曲線條學習擴散性思考

想要探索視覺影像，學習擴散性思考，不妨試試史特萊克（Susan Striker）在1978年出版的著作《反著色書》（*Anti-Coloring Book*）。你可以在這個網址中看到書中的頁面，親身探索 CH3-09 。

● **適用對象：**所有年齡層。我曾跟受訓的教育工作者以及學生進行過這項活動。

● **準備用品：**一個平面（像是一片沙土、一張紙），以及可以留下痕跡的東西（像是一張紙或一支鉛筆）。

- **有用的提示**：把彎曲的線條標準化，你可以幫助所有學生了解有多少變化存在。

- **程序：**

第一種方法（或是第一回設計）

1. 在平面上畫一條彎曲的線，或使用上面連結中的影像。

2. 一起朗讀或是請學生讀出提示：「著名藝術家需要你的幫助。藝術家開始創作這幅畫，但拇指被蜜蜂螫了。把圖畫轉往你想要的方向，然後完成畫作。」

3. 給學生完全的自由，不要給予任何指示。

4. 展示完成的圖畫，討論他們看到完成畫作之間的相似性和差異性。

5. 詢問類似以下的問題：

   哪些作品最讓你訝異，或是出乎你意料之外？

   哪些作品接近你期望看到的畫面？

   如果你有機會再畫一次，你會採取什麼不一樣的做法？

   你可以選擇在這時候結束活動，或者你可以接著進行第二輪。

第二種方法（或是第二回設計）

1. 畫一條彎曲的線，或使用上面連結中的影像。

2. 把它舉起來，或是把影像複製到更大的表面上，讓全班都

看得到。那可以是海報紙上的手繪稿、黑板、白板或電子白板、具有數位油墨的裝置投影到螢幕上，或是虛擬實境或混合實境。

3. 開始進行討論，請學生迅速指出彎曲線條讓他們想到什麼，或者它看起像什麼。

4. 向他們解釋，這個活動的目標是要創造出能隱藏曲線的影像或設計，如此一來從沒看過原始圖畫的人不會知道它原本就在這個頁面上。這設立了第一個限制條件。

5. 解釋什麼是創意限制，觀賞 TED-Ed 有關「創意限制的力量」影片 CH3-10 。

6. 寫下點子的共同清單。（一些常見的點子像是河流、山、雲、水坑等等）

7. 把頁面從直的轉成橫的，試試從另一種角度看曲線時會不會產生新的點子。把這些新點子加進共同清單，這樣所有學生都看得到。

8. 問學生如果把紙轉成斜的是否能接受？（答案是「可以」，這麼做的目的是，在曲線的方向和形狀保持不變的情況下，讓學生擺脫他們預期的紙張方向常態。）

9. 向大家解釋，讓每個人擁有同樣的曲線（複製原始影像），有兩件事會發生：一、這是保持不變的一件事。二、這導入了第二個不能更動的限制條件。

10. 詢問學生他們還能不能想到任何完成曲線的點子，並且把這些點子加進共同清單。

11. 如果學生從來沒練習過如何變成創意設計者或創意溝通者，你或許可以在此停住，讓他們從清單中選擇一個點子，然後根據僅有的兩項限制來執行。最後進行第一種方法中的思考討論。如果這是他們的第二輪，接下來請進行第三種方法。

第三種方法（或第三回設計，進階版）

1. 遵循第二種方法建議的 1 至 11 步驟。

2. 等到所有人都想不出點子共同清單還能有其他可能性的時候，在整份名單上畫一個大 X，然後視班上的幽默程度、你跟學生的關係，或是班級文化而定，你可以宣布這份清單「失效」了。

3. 學生一開始會震驚、倒抽一口氣，甚至向你抱怨如果這些點子都不能用，他們就不可能完成畫面。等到學生度過這個階段，你可以進一步解釋：「所有這些點子全都是好的點子，它們也都能完成很棒的畫面，可是這些點子卻是過時的產物。我們怎麼知道？因為它們在眾人預期之內，而且相對而言較容易想像。這就是為什麼我不讓你們任何人使用這些點子，因為我要你們挑戰自己，想出班上還沒有

人想到的事情。」

4. 請學生以小圖的形式畫出 3 到 5 個可能的點子，隔天回來拿給班上同學看。

5. 請學生展示草圖給班上同學，你可以一併問學生：「你覺得哪一個最出人意料？你為什麼會這樣說？」

6. 讓學生根據回饋，決定要繼續進行哪張草圖。

7. 在課堂上討論這個過程，並詢問是否有學生想出跟其他人一樣的想法（一般來說，沒有兩個影像會完全相同）。要求學生想出一種新方法，讓他們的點子出乎意料，並且不同於其他人的設計。如果對於誰先想到某個點子有爭議，你可以請學生練習解決爭議的方法，或是彼此幫忙想出有足夠差異的新版本，這樣兩個概念就不會看起來一樣。

8. 請學生根據選擇的概念畫出設計，然後把所有作品展示在教室四周。

9. 請學生安靜的進行藝廊漫步。當學生繞著教室走，觀賞所有這些設計時，請學生找出吸引他們注意或讓他們訝異的東西。

10. 請學生說一說，是什麼東西吸引了他們的注意或讓他們訝異及其原因。這是在幫助學生練習以積極的方式提供批評，以及練習溝通與合作。

11. 詢問學生是什麼激發了他們自己沒想到的點子，以及如果

有機會的話，是否有他們想要重新設計的東西。

12. 詢問學生哪些設計最能有效隱藏曲線，徹底把曲線融入設計中，使頁面看起來沒有原始曲線存在。討論是哪些因素讓這件事成為可能（你可以告訴學生：「你們或許可以使用深色筆延續曲線，或是更改線條的粗細。」）

13. 讓學生有機會根據回饋重畫設計，並且把在藝廊漫步中學到的東西整合進去。

14. 做為最後一項畫圖限制，可以考慮請學生往後退，從一段距離之外觀賞自己的圖，藉此審視美學與大膽程度。詢問學生：「哪些東西在一段距離之外最引人注目與突出？為什麼？」那可能是大膽的顏色、形狀、影像的配置，或是非常出乎意料的設計。請他們決定為了讓自己的最後版本設計變得突出，他們必須做些什麼。

我曾和學生進行過這些練習方法好幾次，你還可以做一些變化，例如更改時間限制，或是限制材料（只能用筆、顏色、允許用不同媒材，以及掃描後用數位油墨創作）。過程中，記得有一名學生曾經發問：「我們能不能以冬天或耶誕節為主題？」結果班上同學以投票決定以冬天為挑戰主題，並經由挑戰現在帶來的自我極限而樂在其中。你可以透過影片，看看這些11至15歲學生提出的最後設計 CH3-11 。

視覺思考：在機器學習中支持設計思考的策略

　　無論你是不是藝術家，你都可以使用現有可供教師使用的資源，幫助自己指導學生進行視覺思考策略（visual thinking strategy，簡稱VTS）。VTS是一套理解藝術作品的方法，能夠發展學生仔細觀察、靈活思考、仔細聆聽，以及協同合作的能力，能支援STEM、STEAM，以及設計思考等課程領域。

　　想要實際探索VTS嗎？VTS不要求使用電腦，只要運用各種資料進行影像搜尋即可。先取用你能在雜誌、攝影集、教科書、兒童繪本，或廣告上找到的影像。VTS是以三個主要問題為基礎，讓你開始跟學生進行以影像為本的討論：

● 這張圖裡面發生了什麼事？
● 你看到了什麼讓你這樣說？
● 我們還能找到什麼？

　　VTS可以在學生建立連結時提供支援。想更加了解視覺思考研究和理論，請至 CH3-12 。

　　上述這些教學方法跟AI有什麼關係？回想一下，要讓AI能夠運作，機器必須接收大量資訊。其中一種就是視覺資訊，名為電腦視覺（computer vision）。電腦視覺不同於使用手機或相機拍攝的數位照片。將近50年來，資訊科學家一直想要

幫助電腦了解影像。這讓電腦有能力追蹤手部和整個身體；讓生物統計學能解鎖手機和電腦螢幕；讓臉部辨識軟體能運作，就像是中國現在用影像來追蹤街上行人和觀察教室學生的技術；讓自駕車能了解周遭環境。

電腦視覺正在協助打破語言藩籬。語言翻譯軟體現在可以擷取輸入字元的影像，然後藉由電腦視覺到自然語言處理的技術，軟體就能翻譯該種語言。

 具體範例

翻譯與可見思考

- 下載微軟翻譯應用程式 CH3-13 ，利用它把本章開頭「啟幕時」的那行日文翻譯成英文（或其他語言）。把它跟下方的英文俳句做比較。你認為它的意思是什麼？茶碗如何成為AI教學方法的象徵？探索其他翻譯選項，包括當某人在簡報時，讓翻譯軟體在PowerPoint簡報上產生即時字幕。它可以是為了無障礙而提供的同一種語言，或是不同的語言。透過這種程序，簡報者也成為了創意溝通者，和全球合作者。

- 看看這個以西雅圖美術館（Seattle Art Museum）校外教學為基礎的學生作品範例，它整合了文化、藝術、歷史、技術，以及視覺思考策略 CH3-14

- 看看學生如何結合藝術、文化、歷史、傳統研究和AI，為2018年9月來倫頓基督教學校參觀的日本國會議員和研究人員製作禮物。他們記錄下自己的創意過程，並且使用AI工具支援他們從

文件到溝通的創意建構,然後使用自然語言處理(NLP)讓其他在日本的人也能看到他們的想法。自然語言處理還在發展階段,還不完美;以日語為母語的人指出,目前翻譯的準確度大約是70% CH3-15

STEAM 與藝術

美國國家科學基金會(National Science Foundation,簡稱NSF)曾經描述一些藝術層面,這些藝術層面不僅支援STEM學習,事實上也是STEM學習的一部分,其中包括「援引視覺與圖像觀念、即興、敘事寫作,以及使用創新的視覺手法展示資訊以創造視覺路線圖的過程」。還有另一個重點也值得一提,STEM的每個領域都以某種方式融合了藝術。前田(John Maeda)曾在2008至2013年擔任羅德島設計學院(Rhode Island School of Design,簡稱RISD)的院長,他主張藝術(包括文科、美術、音樂、設計思考和語言科)是創新的重要成分,在適當的時候,應該把藝術和設計相關技能跟學生學習STEM時的思考過程相結合。

關於藝術如何在人們處理STEM議題時發揮作用,設計只是其中一個例子。想想機械工程師、物理學家,甚至數學

家，設計藝術是這些專業人士在工作過程中不可或缺的一部分。赫茲（Mary Beth Hertz）曾在網站「Edutopia」發表文章〈STEAM向前衝：為什麼藝術在STEM教育中很重要〉（Full STEAM Ahead: Why Arts Are Essential in a STEM Education），她寫道：

> 從軟體工程師、航太技師、生物技術工程師、專業數學家到實驗室科學家，每個人都知道，要打造優秀事物跟解決真實問題都需要某種程度的創造力。專業藝術家也愈來愈常把技術工具和科學程序整合進他們的藝術。

愈來愈多教育工作者把藝術納入課程中，把「STEM」變成「STEAM」。納入藝術也能幫助STEM專業人士以有創意的方式進行思考，例如，考量實驗應該怎麼樣把同理心和倫理當做基礎。

我們常聽過一種說法，人們若不是具有極富創意、有藝術和語言天分的「文科腦」，就是具有邏輯性、數學和科學思考的「理科腦」。另一個存在已久的類似迷思則是：人們不是「右腦型」，就是「左腦型」。事實上，大腦的兩個半球是整合在一起的。例如，目前神經科學研究證明，數學處理會同時發生在兩個腦半球。

　　麥迪納的著作《大腦當家》（*Brain Rules*）指出，所有大腦的連結方式都不一樣。研究顯示，你在生命中從事、經歷和學到的東西，實際上會改變你大腦的樣貌，換言之，你的大腦真的會重新連結。大腦的各個區域會以不同的速度發展，不同人儲存資訊的方式也不一樣。此外，研究顯示智力測驗不一定都能顯示人類展示智慧的許多方式。我們會採取一些方法幫學生面對充滿AI的世界，上述所言對這些方法來說意味著什麼？這意味著，當我們提供學生一連串經驗，他們的大腦會發展出路徑，練習建立連結，然後想出新的點子和問題。

　　要透過教學方式讓學生為充滿AI的未來做好準備，除了我們在電腦視覺方面的知識，藝術也是很重要的一部分。我們已經看過皮克斯如何在動畫中使用AI，我們也可以了解學生如何利用神奇皮克斯來學習STEAM　CH3-16 。

　　另一個應用程式「Adobe Sensei」，把AI和ML運用在創意智慧上，也就是了解影像、插圖和動畫的語言　CH3-17 。「Adobe Sensei」是Adobe雲端平台的一部分，能搜尋和了解大量內容，協助建立工作流程上的應用。

　　這對未來意味著什麼？影像搜索以及影像處理將會變得愈來愈快，也愈來愈容易。即使如此，軟體還是無法為你創造內容。正如Adobe網站上引用執行長納拉言（Shantanu Narayen）的話：「機器學習將改變科技的每個層面，但是沒有機器能模

仿人類心智的創造能力。」

了解 AI

　　Adobe總裁納拉言說：「機器學習將改變技術的各個方面，但是目前仍沒有任何機器能夠模仿人類思維的創造能力。」了解「Adobe Sensei」如何利用AI擴大人類創意，見 CH3-18

　　對於機器能否騙過人類，讓人誤以為它們的創意作品是人類的創作，這點還是有一些爭論。人們利用AI創作十四行詩、俳句，以及樂曲，一直在探索這件事。根據某場TED-Ed的演講，幾世代以來，人們一直在想，機器人是否能有創意。

教學資源

- 觀賞TED-Ed上有關「機器人能否變得有創意」的演講影片 CH3-19
- 探索「Magenta」部落格，了解Google在速寫和視覺設計方面的研究 CH3-20
- 利用機器學習和「Magenta」來進行音樂和藝術創作 CH3-21
- 測試一下，你能否判斷這些詩是機器還是人類寫的 CH3-22
- 探索日本的研究人員如何利用電腦視覺，嘗試從影像中創作出俳句 CH3-23

圖 3.6

你也想嘗試看看跟機器對弈圍棋嗎？

CH3-24

　　雖然機器擅長於計算數學的機率，例如機器已經在圍棋這類比賽中打敗人類，但是當機率碰到STEAM這種比較主觀的領域時，就顯得辛苦多了。2018年，在一篇《日本時報》（*Japan Times*）的文章指出：「AI軟體從數學的機率當中選出看似最好的一步，藉此打敗頂尖的將棋和圍棋選手，但詩沒有絕對的對與錯，換句話說，系統很難判斷自己作品的品質。」根據西雅圖圍棋中心指導員馬爾沃（Mike Malveaux）的說法，在學下棋時，寓言故事是訓練的一部分。人類對寓言的反應良好，機器則否。因此，機器下棋的方式跟人類不一樣。事實上，有些人利用AI學習人類棋譜中不一定會出現的棋步。馬爾沃說，雖然機器能夠在圍棋上打敗人類的時間，比圍棋圈多數人預期得還要早，但機器在有些領域中則輸得很慘，因為它

們沒辦法把策略轉移到其他情境。因此,棋局的美學元素就消失了。

在STEM學習的脈絡中利用AI進行教學

雖然科學家可能對科學方法的程序有共識,專家已經確定光是學習科學(而不考慮技術、工程和數學),並無法充分讓學生為將來的職業做好準備,他們在職場上必須結合這些科目才能創新和成功。以有意義的方式結合科學、技術、工程和數學,讓學生能在生活中應用他們學到的知識,這種學習內容或模式被稱為STEM。STEM學科提供精準的範例和機會,幫助學生為快速變遷的技術環境做好準備。

美國教育部致力於推動STEM學習,提供聯邦資源「協助教育工作者執行有效的方法,改善STEM的教與學;促使有效的STEM教學做法能在全國傳播和採用;提倡STEM教育經驗,著重實作學習以增加學生的參與感和成就感」。

麥克米倫和《科學美國人》STEM峰會5.0

既然人工智慧已在教育界和學術界落地生根,那麼看到這麼多教育機構和企業也共同推動和探索STEM這項技術,

也就不讓人意外了。接下來，讓我們看看在2017年STEM峰會上，麥克米倫教育公司（Macmillan Learning）和《科學美國人》在STEM和AI方面做了哪些事。

事實上，AI是麥克米倫教育公司和《科學美國人》在2017年STEM峰會的重點。這個年度盛會是由麥克米倫教育公司的總經理溫斯洛（Susan Winslow）和《科學美國人》總編輯迪克里斯汀納（Mariette DiChristina）共同成立，活動匯集了教育和研究社群裡的政策制訂者、意見領袖和商業夥伴。當發表人和演講者討論當前的科技潮流如何影響和改變STEM教育的未來，而人工智慧在過去幾年早已成為熱門話題。溫斯洛解釋：

> 我們已經發現STEM峰會是一個理想環境，可以讓教師和政策制訂者討論人工智慧可能為學習經驗帶來的風險、挑戰和可能性。教師分享他們對於自己可能被AI取代的恐懼，我們也討論了一些當今教室裡發生的神奇事情，像是聊天機器人幫助教師回答學生提出的基本和重複性問題，這樣他們就能利用辦公時間處理更複雜的問題。我們也討論人類互動在數位學習道路上的重要性，探索要用資料描繪學習過程中發生的所有細微差異（而不只是單純的評量）是非常真實的挑戰，以及為何（此時）AI要顯示真正的學

習成果還很具挑戰性。

在2017年STEM峰會上，聚焦AI的發表人包括：葛爾（Ashok Goel），他是美國喬治亞理工學院資訊科學教授和人工智慧促進協會（Association for the Advancement of Artificial Intelligence）期刊《AI雜誌》的總編輯；卡恩（Carson Kahn）則是矽谷一家人工智慧公司「Volley.com」的創辦人和技術長，他在公開種子融資當中獲得祖克柏創投（Zuckerberg Ventures）、AI EdTech投資者好未來教育集團（TAL Group, NYSE: XRS）和利奇資本公司（Reach Capital）共530萬美元的資金；此外，與會者還有蘋果、臉書和高盛（Goldman Sachs）的主管。

葛爾在2017年STEM峰會的演講題目是「吉兒和朋友：線上教育的虛擬教師」 CH3-25 ，他分享了為自己熱門的人工智慧線上課程創造一名AI助教吉兒的經驗 CH3-26 。他使用「Bluemix」來設計助教。「Bluemix」是IBM的平台，採用華生和其他IBM軟體來開發應用程式。他輸入了四學期的資料，超過四萬則的問題與答案，然後讓程式在一個跟學生使用的問答論壇相同的環境中進行測試與訓練。當吉兒回答問題的準確率達到97%，葛爾認為她已經可以用在2016年春季班的AI課程上。

　　葛爾一開始並沒有告訴他 AI 課程上的學生，他們的助教其實是 AI。這個經驗帶給他意料之外的倫理問題，這些問題很重要，值得探索與思量。

　　觀賞葛爾在 TEDx 上談論吉兒，以及 AI 如何用來擴大個人化學習 CH3-27 。

STEM，以及用種子來講故事

　　當人們看到縮寫字「STEM」而不解其意時，往往會直覺聯想到植物的「莖」（stem）。對於人們而言，「種子」和「植物」隱含著成長與新生的意象，而被廣泛使用於各種生動的插圖與文件作品之中。在後面我們將看到的教學案例中，蒐錄了一些世界各地的諺語，說明這樣的意象跨越了古今與地域，呈現出全人類所共有的生命經驗。我們可以借助這類諺語、格言、故事，將其轉化為完整的專題導向學習，引領學生深入探索世界的語言、地理、社會、文化，並通往 STEM 的學習。

　　你可以問學生：「為什麼常聽到有人將學習比喻為播種，學習與植物的成長到底有哪些相似之處呢？」既然談到「種子」，可以讓學生看看這個詞在不同語言中如何呈現（圖 3.7），於是你們可以討論到自然語言處理、電腦如何透過 AI

圖3.7

不同語言中的「種子」。

llavor · sjeme · semínko · zaad · la graine
semente · σπόρος · Fræ · síolta · seme
frø · sămânţă семя · utsäde · semilla
זֶרַע · 種子 · シード · GiĐng · עֶרֶךְ · ناد
tohum · saad · abuur · mbegu · nkpuru
magbigay ng binhi · benih · benih

辨識這些詞及其意義，再翻譯成我們所熟悉的語言。接著可以讓學生開始著手進行探究，以此為起點學習如何從小範圍傳播思想以促進社會發展。一旦他們知道如何有效傳達自己的想法與發現，他們就有能力灑下一顆顆能夠發芽茁壯的種子。也可以讓學生討論電影《瓦力》中「種子」的隱喻，探索電影中的植物代表什麼，以及格言「要怎麼收穫，先怎麼栽」如何連結到電影背後所隱含的更深層主題。

　　宋老師（Susie Sung）曾運用STEM、專題式學習，以及設計思考在當時任教的6歲學生班級中，這個教學計畫已持續將近兩年的時間。在教這個班級之前，她教的是9歲和10歲的學生。她坦言在轉換任教年級時曾經歷一段艱辛的調適過程，有時她甚至會感到不知所措，認為自己無法順利的從以往習慣的教學風格轉換到現在的教學模式，甚至曾考慮第二年不再用這種學習方式教學。然而宋老師是一位不一樣的老師，她

並不贊同有些教育工作者只想要固定教某個學科領域或是某個年級，因為那樣對自己來說比較有安全感、備課也相對而言容易，她願意保持教學上的彈性，盡可能嘗試不同的挑戰。

2018年2月，宋老師在「西北電腦教育工作者委員會」（Northwest Council for Computer Educators）上對一群教育工作者發表演說，她鼓舞在場對於STEM學習方式不熟悉的教育工作者，即使一開始缺乏信心，但只要持續下去這種教學模式，將為孩子帶來豐碩的學習成果。你可以透過這個連結，了解她在教學上所面臨的挑戰、挫敗和弱點，她的分享可為首次嘗試STEM的教育工作者提供珍貴的見解 CH3-28 。

 具體範例

水循環單元（宋老師提供，任教於華盛頓倫頓基督教學校）

　　「有意栽花花不發，無心插柳柳成蔭。」——中國諺語

- 我們一開始先觀察分子在不同物質狀態下會有什麼差異。學生安排豆子來代表不同狀態（固態，液態和氣態）下的分子。這賦予他們用手移動物體，以及在合作空間中互相討論的能力，示範了所謂的「社會文化學習」。

- 接著，我們把水滴到硬幣上，猜測硬幣上能有多少水滴，藉此觀察水的特性，過程中樂趣十足。我把這堂課連結到數學課裡有關金錢的價值，以及估計概念的單元內容。

- 學生用「小畫家3D」創作水循環，然後我們用紙材料製作水循

圖 3.8

幼兒園和一年級的學生利用豆子來代表分子。

環的模型，並且把這些部件黏在紙盤上。模型製作一開始是先用觸控螢幕裝置上的小畫家3D，這能導引他們在紙上製作模型。這項科技能讓他們在設計水循環時先預想和解決問題，不用擔心在紙上搞砸了，必須清掉然後從頭再來一次。另外，只要按幾下，就能立刻看到水循環的樣子，這點也很讓人滿足。

● 我們把溼紙巾和種子放進可以封起來的塑膠袋裡，然後放到窗戶上接收陽光，觀察它會發生什麼事。我們一同討論植物需要什麼要素才能生長，並且透過觀察，在應用程式「Fresh Paint」上面畫出我們的發現 CH3-29 。這個課程設計中包含了觀察過程、記錄變數，以及記錄發現。

● 最後一個專案是請孩子選擇植物生長所需的一樣要素來進行測試，並設計出對照實驗。例如：植物需要水，所以一些學生選擇在一杯種子裡倒進水，在另一杯種子裡倒進汽水。植物需要土壤，所以一些學生選擇在一杯種子裡放進沙子，在另一杯種子裡放進土壤。由此，他們學到了變數，以及使用科學方法讓變數保持恆定所代表的意義。他們使用觸控螢幕裝置上的「Fresh Paint」記錄下他們的發現。

探索活動結束後，學生在「Sway」上利用科技製作簡報。Sway

圖3.9

紙盤上的水循環模型

能幫忙設計版面，讓學生專注在內容上。程式會根據他們輸入的字句和主題提供建議，讓他們輕輕鬆鬆就能拖放這些內容。Sway有機器學習演算法，讓製作簡報變得非常簡單，即使是6歲學生也能獨力完成。他們可以專心跟輔助的機器學習演算法溝通自己的想法，我則可以把時間用來跟學生溝通和支持他們，而不是幫助學生設計精美的專案。Sway會從創用CC（Creative Commons）搜尋影像、影片和描述，換句話說，這些材料不會因為版權而無法使用。學生可以盡情自由創作，展示自己的發現。

我的學生馬利亞（Malia）能夠儲存她在Fresh Paint上用數位墨水畫的觀察圖，然後把影像丟進媒體卡（media card），這樣她的作品就會收錄在她的最後簡報裡。當馬利亞按下播放，她就有一個可以在行動裝置上分享的數位作品了。觀賞馬利亞的作品 CH3-30

「種子總有發芽的時候。」──俄羅斯諺語

如果宋老師放棄令她感到陌生的STEM教學方式，如果她沒有接受挑戰去教一年級，然後再接再厲把四年級的課程內容

改編成適合6歲孩童，這些孩子將會錯過這裡所記錄的學習豐富性。如今，不只孩子們的種子發芽了，他們內在的學習種子也成長、茁壯成樹苗了！

「我們的例子就像颱風日子裡的種子，它們傳播得又廣又遠。」──奈及利亞諺語

因為宋老師努力記錄下自己的工作和進步，因此能夠掌握自己的學習過程，進而說明她身為教育工作者的成長故事。在此同時，她也把記錄學習的程序傳授給學生，方法是拍攝照片、拍攝影片和蒐集作品。她教學生如何透過相片、素描和鉛筆筆記捕捉自己的學習經歷，這樣他們在訴說自己探索水分子、植物和科學方法的故事時，就能以圖像說明這個學習過程。當時在宋老師班上學習的孩子，將會在2030年畢業，他們未來又將展開哪些新奇有趣的探索？

將STEM融入教學單元

在多種模式下進行跨領域的學習，其中包括利用親手操作、親自觀察種子生長的歷程、報告、討論、寫作，以及用實體呈現和以小畫家3D繪製兩種方式建立模型，然後是利用科學方法進行實驗，最後呈現自己的成果。觀賞另一支由學生製作的影片 CH3-31 。

以下是宋老師在教學單元中融入STEM的方式：

- **科學：**水分子、水循環、植物生物學、科學方法。
- **技術：**研究、Fresh Paint、小畫家3D、數位相片和Sway。
- **工程：**問題求解（解題）、設計思考、觀察和建立模型。
- **數學：**估計和金錢，創造水分子時小畫家3D裡的幾何。

示範學生版 ISTE 標準

在宋老師的教學設計中，為我們示範了「學生版ISTE標準」：

- 學生成為有能力的學習者，因為他們在學習科學的幫助下獲得資訊，利用科技主動選擇和達成學習目標，積極展現他們的能力。

- 學生成為數位公民，了解在互連的數位世界中生活、學習和工作時的責任和機會，而且能以安全、合法與合乎道德的方式採取行動和建立模型。他們利用Sway的支援，確認他們的內容是創用CC授權。

- 學生成為知識建構者，能夠使用數位工具嚴謹地安排各種資源、產生創意作品、為自己與他人創造有意義的學習經驗，因為他們的學習經驗已經成為專業會議上其他教育工作者參考的模式。

- 學生成為創新設計者，在設計的過程中利用各種科技找出並解決問題，僅僅6歲就能創造出嶄新、有用，或者有想像力

的解決方案。

- 學生練習運算思維，採取策略以了解和解決問題，並藉助科技方法的力量來研發和測試解決方案。

- 從 Fresh Paint、小畫家 3D 到 Sway，學生能利用適合自己目標的平台、工具、風格、形式和數位媒體來練習創意溝通。

- 學生很早就被引介成為全球合作者，透過跟他人合作以及在本地團體裡有效率的工作，使用數位工具擴大他們的觀點，豐富他們的學習。他們不知道的是，自己的作品會延伸到國際，影響來自全世界的教育工作者。在這種情況下，他們可以教我們這些成年人，他們利用 STEM 和專題導向學習可以做到哪些事情。

應對新世代科學標準

　　有時候，教育工作者、家長和行政人員會擔心，STEM 或專題導向學習無法涵蓋跟教科書一樣多的內容。我的看法是，這要視你的設計方法，以及你是否謹記最終目標而定。在美國，我們有「新世代科學標準」（NGSS，nextgenscience. org），幫助教師確認教學設計是否符合課程目標。它能提供的協助包括：讓人看到更完整的局勢，將不同領域技能融入科學領域，例如：語言、藝術和溝通。

　　試著了解新世代科學標準「從分子到有機體：結構和過

程」（1-LS1-1），以及它跟宋老師的水循環單元之間的關係 CH3-32 。其中包括科學和工程實作、學科核心觀念，以及跨科概念。

專題導向學習

新的教育形式因為科技發展而興起。適性軟體（adaptive software）讓學生在線上課程和數學方面進步得更快。雙學籍計畫（dual enrollment program）讓學生能以非傳統的教育軌跡，重疊中學和大學課程。如果未來AI能夠比人類更快、更準確的提供我們內容，教育的面貌將會如何改變？

就以16歲的布利特（Mia Britt）為例。她透過以12至16歲學生為對象的學群形式，在我們學校的國中和高中念了四年，她一直處在混齡的學習環境中。這種混齡學群所設定的目標之一，就是要讓他們準備提早進入當地社區大學就讀（這所大學採中學與大學雙學籍制）。通過大學入學考試之後，他們的大學學費將由華盛頓州支付。選修該學群的學生到了中學高年級，將完成大學前兩年課程，並獲得藝術和科學副學士以及中學文憑。這讓他們在18歲時，能以大三學生的學習狀態進入大學。

基於此，我必須讓這個學群的課程設計得更像大學等級的研究所課程，在這些課程中，學生要負責自己的學習、查明問

題、使自己的內容符合標準、共同設計自己的專題導向學習經驗，以及評量標準和評分指標。創造非傳統的評量，以及準確評估自己的工作，需要學生成為知識建構者、有能力的學習者、創新設計者、運算思維者、全球合作者、數位公民和創意溝通者。

在這個學群中，學生有很多機會能跟產業專家交談，並針對新發展的技術提供回饋，他們同時必須帶父母回顧自己的作品集以解釋自己的學習過程，並在全美各地的專業會議上對教育工作者演講。在討論我們想要年輕人完成正規教育後所具備的能力時，聆聽學生的聲音很重要，因此我邀請布利特向或許還不熟悉或者想知道學生觀點的教育工作者，描述她對於專題導向學習方式的看法。

聆聽學生的聲音：布利特

專題導向學習是一種教育方法，過程中會分配某個專案（給某個人或團隊），以透過平面設計、各種媒體、短片、幽默小品等概念展示學習成果。

專題導向學習不是用來替代你用功準備的傳統測驗，但它為學生提供了另一種學習面向和方式。透過不同的專案，我們可以從有創意的學生（而不是前一晚為考試念一大堆資訊，但考完試之後全部忘光光的學生）那裡學到重要的資訊。

　　既然專案不同於傳統測驗，而且有更多組成要素，學生必須充分考慮更多觀念。這讓我們有能力成為運算思維者以及批判性思考者。沒有人會在每個步驟上告訴我們答案，因此我們必須學習技能找出問題，並且制訂計畫解決問題。我們學會找到必須研究的主題，以便取得我們需要的資訊、利用科技找到有用的資源，然後運用學到的知識來解決問題。創意是專題導向學習的一部分。我們必須達到目標，但是我們可以選擇達到目標的方式。

　　雖然專題導向學習有很多優點，但也有一些不利因素：

● 創造太多專案，可能會讓人覺得壓力很大。

● 如果學生沒有習慣或不熟悉專題導向學習，他們可能會變得緊張、想要放棄，尤其是那些習慣輕鬆記憶就能取得好成績，並將其視為成功學習的人。

● 專案和測驗之間應該保持平衡的比例，這樣學生才不會忘記如何考試。

● 教師應該協助規範團隊成員。沒有適當的強制性，一些隊員可能會讓其他人做所有的工作，而不是自己學習。

● 彈性很重要，但不要讓學生有太多彈性。適時提供學生一些限制。

● 技術難題可能會讓人沮喪，但既然技術還不完美，仍在研發當中，這些困難一定會發生。

教學資源

創意限制

就像布利特說的，太多彈性反而不是一件好事。在現實生活中，專案可能受到一堆因素的限制。為了完成目標，教師必須提出一些要求和限制。學生也必須盡早與頻繁的練習面對這些限制，同時了解限制反而可能成為發現和發明的驅動力。觀賞TED-Ed有關「創意限制」的影片 CH3-33 。

我要從哪裡開始？

以下是一些能夠幫助你開始進行專題導向學習的資源，如果你有興趣，可以進一步在這個網站更加了解專題導向學習： CH3-34 。

一、選擇題目。 例如：

- 紙樹專案： CH3-35 。
- 幼兒STEM（兒童文學與STEM）：三隻山羊嘎啦嘎啦： CH3-36 。
- 植物的生命週期（數位動畫與STEAM）： CH3-37 。
- Spino Dino饒舌（音樂、古生物學、歷史、語文，和影

片製作）： CH3-38 。

- 小書專案《小王子》（說故事與數位素養）： CH3-39 。
- 原住民藝術中的象徵符號（數學、藝術、文化和技術）： CH3-40 。
- 邏輯與論證： CH3-41 。
- 石墨方格畫（科學、技術、工程、藝術、數學）： CH3-42 。
- 龐貝與西雅圖（歷史、社會、地理、藝術、科學）： CH3-43 。
- 圍攻與物理學（物理學、遊戲和指導）： CH3-44 。
- 向大人解釋STEM： CH3-45 。

二、**公開討論題目**：請學生舉手發表，並寫下問題跟同組同學分享。

三、**請學生挑選一個統合性主題**：幫助他們的專案聚焦。

　　例如，在上面的紙樹專案中，統合性主題是「在興建建築時，自然如何影響建築工程法的選擇（以西班牙巴塞隆納的聖家堂為例）」。它也可能影響電腦動畫，例如皮克斯利用拋物線的近似值協助模擬真實的草葉片。在「兒童文學與STEM」專案中，主題是「再造三隻山羊的那座橋」。在「Spino Dino饒舌」專案中，主題是學生看完《國家地理現場》（National

Geographic Live）談棘龍的發現後所編排的表演。學生在過程中要決定如何結合不只一個學科的知識來做小組報告，例如在「龐貝與西雅圖」專案中，主題是「火山」，順道可以比較義大利龐貝和華盛頓州西雅圖這兩個港口城市的特色。

四、給學生指引：教他們如何創造自己的評分指標，這樣當專案到期與接受評估時，他們才不會感到意外。學生可以就最後標準進行投票，然後對彼此負責。既然他們協助建立了標準，就不能怪罪老師。

五、向他們介紹新工具：例如「Sway」 CH3-46 和「微軟翻譯」 CH3-47 ，把它們當成專題導向學習的一部分，讓他們在進行專案的過程中學習這些工具。

　　我們已經知道機器在特定領域能夠比人類進行更深、更快等級的大量處理。然而機器目前還不擅長把知識從某個領域轉移到另一個領域。這個差異就是我們的著力點，也是教育工作者可以幫助學生加強技能之所在。

　　目前在網路上有很多優秀的設計思考、專題導向學習，以及STEM的資源。有效結合這些思考方式和倫理考量來培養全方位的學生，讓他們對AI時代做好準備，成為教育工作者至關重要的任務。

不隨他人之言（Nullius in Verba）

　　稍早我們指出，對於內容還在發展中的領域，要決定教學方法頗具挑戰性。我們在教授理論性的科學概念時，往往是把它們當成事實，要學生記起來，然後透過測驗確認他們是否記得。然而我在華盛頓大學修習人類學和醫學院預科課程時發現，在探討某個理論時，不同資料會提供不同的說法，而不巧的是，這兩種說法卻可能同時出現在選擇題的選項中。

　　上大學後我才了解，對有些事情的說法會改變，正是因為它們是「理論」（即使是有強烈支持證據的理論）而不是「事實」。但在我發現那個困惑之前，從來沒有教師曾經告訴我，我所學到的只是當時所能找到的最佳說法，而且那些說法可能會隨著知識的發展而需要修正。

　　近來，在神經科學領域又誕生許多新發現。這些發現一再顛覆我在大學時花費無數小時記住的知識，與我腦海中以為的事實互相矛盾。身為教育工作者，我決定幫助學生開始質疑那些看起來像是事實的理論。即使只是稍微開始了解「事實」跟有證據支持的「理論」之間的差別，也能幫助學生更加深入思考，並學會質疑。從歷史的角度，我希望學生能夠了解多重觀點，並且意識到敘事者個人的價值與視角，足以影響人們對事件真相的判斷。

在科學上，我們對事實的判斷是根據支持該主張的證據。我會請學生嘗試探索爭議性主題，聽聽其他人如何質疑和挑戰觀念，然後我會請他們評估這些觀點。如果他們提出觀點，或選擇相信某個觀點，我希望他們能用證據支持自己的判斷。

如果他們在網路上看到某些內容，我希望他們不僅要質疑事實，也要質疑資訊來源及可能潛藏的偏見，甚至質疑他們眼中的權威人士所提供的資訊。學生在過去教育方式的影響下，慣於接收、記住和信任權威人士提出的說法，只因權威人士經過長久訓練、擁有更專業更豐富的知識。然而正如我們所見，在整理大量資料方面，機器的能力正迅速超越人類。在機器搜尋功能的輔助之下，生手或許也能找到權威人士還不知道的最新資訊。

但這並不意味著，我們身為教育工作者的工作已經過時。這只是表示我們必須改變教學方法，不只是為了要協助學生為科技日新月異的未來做好準備，我們更要教學生勇於質疑。

質疑資訊來源的練習

在接收媒體與獲得知識的過程中，懂得質疑資訊的來源非常重要。然而告訴學生質疑來源、不要相信你讀到的每件事看似簡單，實際執行起來卻不容易。教師可以試著透過以下這個「測驗」活動，對於開啟「質疑資訊來源」討論很有幫助。

一、步驟：

1. 提供學生下列連結： CH3-48 。（給教育工作者的劇情透露：這個網站將學生導向一個有關西北太平洋樹章魚的惡作劇網站。只要學生進一步搜尋，就會看到有人指出該網站的內容不是真的而是惡作劇。）

2. 告訴學生，任務是等一下要提出他們從文章中學到的三件事，然後全班進行討論。

3. 你可以創造一個線上表格讓學生去填寫意見，或是請他們把反應寫在紙上。

4. 告訴學生，他們可以選擇只用你提供的資訊來源，或者他們也可以自己搜尋。

二、給學生的討論題目：

1. 有多少人選擇只看老師提供的連結？為什麼？

2. 關於你看到的內容，最讓你詫異的是什麼？

3. 你從這次的經驗當中學到什麼？

4. 你下次會採取哪些不一樣的做法？

5. 有多少人除了看老師提供的連結之外，還會自己去研究？為什麼？

三、執行提示：

　　刻意運用提示讓任務顯得模糊，例如：指出你學到的三件

事。（給教育工作者的提示：為什麼要這樣提示？因為你要讓學生有機會練習對資訊和來源產生質疑。）

身為一個為10到13歲的學生設計這個評量的教育工作者，我衷心期待學生會笑著告訴我：「這個網站的內容實在是太荒謬了！」畢竟，我們生活在太平洋西北邊，雖然我的學生家長有超過90%不是在美國出生，但至少有一半的學生是誕生在這個有很多松樹的區域。然而當我看到學生分享自己學到的三件事，我不知道該哭還是該笑：「我學到了章魚其實可以生活在松樹上。我以前不知道這件事」、「我不知道有組織在幫忙拯救瀕臨滅絕的樹章魚。我們應該加入這項志業，籌集資金來幫助瀕臨滅絕的動物」、「我不知道這些章魚的交配習慣。我一直以為牠們生活在水中而不是在樹上，但我今天學到了新東西」等等。

沒有一名學生寫出我期望看到的答案。我原本期望看到的答案是：「我學到惡作劇網站可以看起來很專業」、「我學到自己做研究很重要」、「我學到如果有人給我連結，不代表那項資訊就是準確的」、「我學到，當老師問我學到了什麼，不一定就表示我要報告事實，還有其他我可以學的東西」、「我學到驗證我看到的內容是否正確很重要」、「我已經學到，即使我從經驗中知道，我還是很容易被媒體欺騙」……

我設計這項挑戰，就是為了幫助學生練習在不明確的地方進行調查，學習去質疑、研究，並了解什麼才是真正的學習。

正頭英和在與我的通信中，向我描述了他們在學校相當重視的一句話：

心のコップを上にしよう

「倒過來的杯子無法被斟滿」，是立命館小學十分重視的傳統觀念。如果把隱喻中象徵「學生」的杯子反轉向上，他們就能夠獲得知識與理解，甚至能夠懂得愛與尊重。這個觀念適用在生活和關係的各個層面，無論是在日本或是世界的任何角落，特別是當我們希望教導孩童成為具有世界觀的公民時。

立命館小學的使命清楚表明他們希望學生在完成正規教育後能夠做什麼。他們的目標不是要讓學生學習怎麼把艱難的工作交給機器人做；相反的，學生要學習如何照顧自己的環境。

在這個使命之下，學生學到自己的文化和歷史、價值和倫理，他們也透過教室裡的遊戲，欣然接受專題導向學習和STEM。在這樣的過程中，學生一起建構、相互溝通、了解彼此的生活。他們深入探索家鄉寶貴的世界文化遺產，並且跟全世界其他人分享他們的第一人稱觀點。

本章主要是談 AI 教學方法，但一開頭提到的卻是教茶道

的學校。透過這個故事，我想傳達的訊息是：當我們熱切的描繪未來可能的樣貌，幫助學生把眼光望向地理疆界之外的同時，也別忽略去了解傳統文化的價值。

立命館小學的學習方式，無論是否是刻意規劃，他們確實在讓學生接觸新科技的同時始終強調人性。透過知識遷移，連結多個領域、融合不同的概念和觀念，這就是人類與生俱來的潛能，也是人類無法被取代之處。

在這個愈來愈複雜的世界，立命館小學維持了某種平衡，回歸「和、敬、清、寂」。茶道是彰顯人際關係的活動，背後的哲學是「一期一會」，因為當下那個時刻是獨特的，永遠無法複製。

身為教育工作者，你有機會發展出屬於自己的AI融入課程與教學方式，你會珍惜每個與學生共度的時光，知道那是獨一無二的時刻。當你做出這樣的努力所帶來的，可能是失敗、成功、小小的勝利，以及意想不到的深刻學習。這，正是你能超越機器的地方。

AI如何支持
學生學習

利用說故事與AI擴展眼界

登場人物：

梅卡多（Camille Mercado）：13歲學生

蜜雪兒：本書作者

場景：

2012年**ISTE**會議在加州聖地牙哥會議中心舉行，梅卡多和她的老師蜜雪兒一起發表演講

時間：**2012**年6月

第二幕

第四景

背　景： ISTE的年度研討會和博覽會是世界上最重要的教育科技年度盛會。大約有18,000名來自世界各地的教育工作者、技術協調者、教師培育人員、學校行政人員，以及產業和政府代表齊聚一堂。

ISTE副執行長兼本屆研討會主席柯納里（Leslie Conery）宣布，今年研討會的探討主題是「擴展視野」，旨在「創造一種研討會體驗，重點在於教育工作者如何激發學生的學習熱情。我們相信，敞開胸懷迎接數位時代的教育可以拓展學生的視野，並為他們在大學學習、未來職業和公民生活中獲得成功做更完善的準備」。

啟幕時： 梅卡多和她的老師蜜雪兒正在為共同執筆的海報簡報做最後修飾。這份簡報符合「學生版ISTE標準」，重點在於呈現梅卡多一整年對崔西的指導。崔西是一名3歲的英語學習者，她的家人來自越南。梅卡多並不常在自己班上主動發言，但是對她而言，這個跟成人教育工作者分享自己教學經驗的機會實在太重要了，她不想錯過。

　　溫暖的海風吹得棕櫚樹沙沙作響，燦爛的陽光穿過樹叢，擾亂了灑落在聖地牙哥會議中心外面人行道上的光和影。這是梅卡多第一次參加研討會，為了參加這場會議，她必須搭飛機從華盛頓州的西雅圖飛到加州的聖地牙哥。這不僅是她第一次在教室以外的地點發表演說，更是她第一次對教師和同學以外的成人進行演講。對她而言，這實在是件大事。

　　在簡報之前，她獨力撰寫研討會摘要，這份摘要在眾多成人類別的研究論文審查中獲得錄用。在老師的支援下，梅卡多寫下她覺得很重要，而且她認為教師也應該要知道的事，主要描述她如何利用科技，記錄下自己在一整個學年裡指導崔西時的互動。梅卡多的父母原本不認為自己的女兒有能力對成人進行演講，直到他們看到她在ISTE上跟教育工作者對談，他們感到萬分訝異！在場的教育工作者也是。

　　梅卡多對教育工作者分享時，她不只談自己怎麼做影片剪輯，或是她身為指導者教了崔西哪些事，以及她的做法如何符合「學生版ISTE標準」，她還分享自己如何變成數位公民的經驗，例如運用數位工具與技能，讓自己更擅長批判性思考、合作、創意和溝通，以及如何利用數位墨水與崔西互動，成功的引導一位原本不願意講英語的女孩大聲唸出英語來。

　　這件事是從螢幕上播放影片中的彎曲線條開始。影片中，梅卡多首先畫了一條彎曲的線條，她為崔西示範裝置上的觸控

螢幕和筆如何運作，示範完這些工具之後，梅卡多請崔西利用這些工具畫畫。當崔西卡住了，梅卡多在一旁支持她，幫忙她完成畫作，比如幫崔西畫的烏龜加上眼睛以及紅色的龜殼。接著，梅卡多刪掉畫好的畫作，讓崔西開始練習完全靠自己畫一些東西。在成功畫出圖畫之後，梅卡多舉起她的手，試著跟崔西擊掌。崔西看著梅卡多的手，露出微笑，她知道這個手勢代表「恭喜」和「幹得好」，接著她臉上掛著大大的笑容，和梅卡多一同完成了擊掌的動作。

因為梅卡多的電腦有攝影鏡頭，她可以記錄下她們的互動情形。在第一次錄影時，梅卡多要崔西畫點東西，並詢問她最喜歡的顏色；最後她播放的則是學年底的錄影做為對照，她在片中訪問了崔西。這些影片成為證據，證明崔西不斷在進步。影片結束前，梅卡多播放了一段影片，影片中由崔西帶頭，她們共同編了一個故事，然後崔西在有時大笑、有時微笑的情況下以英語說出這些句子。梅卡多只需要偶爾介入，提供一些小幫助。

第四景 完

13歲女孩用科技教學的經驗

　　上述故事是我和梅卡多共同進行的研究，發表在施普林格（Springer）出版社的人機互動系列叢書中。如同上一章的討論，要讓學生準備面對人類與智慧機器互動的未來，我們必須先從人類獨特的人性層面開始，而且要強調並加以擴大。機器的確在某些任務上表現出色，並且會變得愈來愈好。然而，人類的大腦能發展出同理心和人際關係，把知識學習遷移並應用在不同的環境，在認知意料之外的事物上保持彈性與適應，還能利用說故事來支援學習和記憶，因此我們應該在教學中全力支持這些專屬於人類的學習方式。

　　13歲的梅卡多在學校裡似乎不擅長傳統的考試，但她利用科技支持崔西成長、發展和互動關係的能力卻遠遠超出一般人所預期。事實上，培養STEM技能通常就是從某種人際關係開始，科技讓梅卡多在促進人際互動和英語對話上變得更容易。梅卡多是個好的指導者，她從關係的建立出發，設法了解崔西的好惡。她準確的評估崔西的學習能力並提供支持，並設法了解崔西的思考方式。根據這些理解與觀察，梅卡多在崔西猶豫時鼓勵她，提供進一步的支持架構。當崔西碰到阻礙，梅卡多會增加支持，或是將崔西的注意力轉移到新的活動上。當梅卡多和崔西在分享知識、共創意義時，科技為她們提供了可

供揮灑的基礎空白畫布。

梅卡多在念幼兒園時，就是一個喜愛閱讀的小孩，後來在她引導崔西學習語言時，也顯示出她擅長於運用音素意識（phonemic awareness），把英文字或音節拆分為更小的音素，有助於字彙的理解與記憶。無論梅卡多是否意識到，但她在支持崔西時所使用的許多方法，跟她在幼兒園時學習到的方法如出一轍。

恩萊特（Kerry Anne Enright）將日常互動的語言稱為「基本人際對話技能」（basic interpersonal conversation skill，簡稱BICS）。就一個人的語言發展上來說，BICS的發展會早於認知學業語言能力（cognitive academic language proficiency，簡稱CALP）。換言之，當幼兒「在正規教學的協助下，取得良好發展的基本人際語言基礎」，將使得日後的CALP發展更加穩固。而梅卡多透過對話和讀寫策略幫助崔西同時發展BICS和CALP，這兩種能力的發展又為培養STEM學習提供了良好的基礎。

不只要「學」，也要學著「教」

在STEM裡，很多人都受到他們欽佩的人或是對他們投注

心力的人啟發。回想第一章裡威爾森的故事，她在探索腦機介面技術時，自己對STEM領域的興趣時所接收到的鼓勵。她提到自己喜歡跟人們合作，一起解決焦點過於狹隘時無法處理的複雜問題。這非常的人性。

雖然機器可以在焦點狹窄的領域表現出色，但人類可以彙整迴然不同的資訊，建構新的知識並且創新。我們可以在看似截然不同的事物當中找到連結，例如上一章對於茶和AI的討論。我們能夠在溝通方式上展現創意，對意料之外或新奇的情況做出反應，並且建構新的知識。就像小女孩崔西學習從螢幕上以數位墨水畫出的彎曲線條開始，最後進展到能夠創造出一個富有想像力的故事，甚至還發明了公主名字的拼法。做為一名雙語學生，崔西同時掌握了越南語和英語。身為崔西的指導者，梅卡多成功記錄下這名孩子的進步，而且這種方式是她以往在自己班上不曾做過的事。如果沒有梅卡多拍下影片，崔西的教師不會知道崔西擁有潛力無窮的學習能力，就像我也不會知道梅卡多有這樣令人激賞的能力。

目前，梅卡多將完成她的資訊科學副學士學位，然後轉學到西雅圖的華盛頓大學攻讀資訊學的學士學位。資訊學是一種應用形式的資訊科學，牽涉到人與資訊透過介面和技術系統的互動。當我問梅卡多在ISTE研討會上分享的經驗，她表示：

能夠在2012年的ISTE研討會上和蜜雪兒一起報告這項研究，對我來說是個重要的經驗。當時，我並不了解我所在的班級為何要花一整年時間指導學前兒童，以及其對我可能造成的影響，我以為這只是讓學前兒童透過跟年紀較大的孩子或成人互動，增進他們人際關係的一種方法，但結果遠遠不僅如此。那年夏天，我把時間都用來回顧之前拍攝指導的學前兒童崔西的影片，這讓我深深了解到科技的重要性。參與這項研究之後，崔西和我都有顯著的進步，最大的受益者其實是我。

憑藉著這次在研究中所學到和體驗到的經驗，讓我更容易運用STEM，幫助我在目前就讀的學校裡獲得出色的表現，也讓我有自信練習公開演說，成為學校影片製作的主播。我同時爭取到全市科技展示會的節目播報員，透過我的介紹，讓學生和教育工作者都有機會像我一樣報告他們自己的研究。

因為我要在展示會上介紹不同學生的專案，我不禁想起中學時期的自己，以及在那之後的我獲得多大的進步。知道這些展示所學的孩子在ISTE方面跟我當時有同樣的心態。他們不知道自己展現的知識也能對不斷持續的教室科技研究造成突破。

當我們在思考人類和機器的互動愈來愈複雜的未來，必須考量的不只是認知系統、機器人學和機器學習的交會。我們必須把人類學習視為一種社會和文化的過程。要讓年輕人為這樣的未來做好準備，就應該要讓他們有機會學到跟學習有關的事情，探索如何跟其他人一起學習，以及發掘如何引導其他人學習的方法。事實上，除非未來決定進入教育工作或人力資源訓練的職業，否則人們很少有機會能體驗到從學習者的角色轉換到教學者的角色。更常見的情況是，學生往往具有受教者的經驗，也就是成為懂得記憶、理解和重複的學習者。然而未來當機器也可以接受訓練、記憶、理解和重複，那麼學生就不只要「學」，也必須學著「教」，使自己的能力超過機器。

拉西納（Jan Lacina）曾在文章中指出，獨立的訓練和練習不是改善學業成就的有效方法。雖然學生在能創造和創新之前仍然需要基本的技能，但整年的重複練習不應獨立於人際互動，學生要演練的技能也不應獨立於他們應用這些技能的情境。

在亞當斯（Caralee Adams）的文章〈我們應該教孩子的七項最重要STEM技能〉（The 7 Most Important STEM Skills We Should Be Teaching Our Kids）提到，我們應該教導學生以下七種技能，包括：解決問題、創造力、推論能力、求知欲和彈性，以及統計學與資料導向決策。這些技能不只幫助學生了解

他們與AI的關係，也能讓他們在未來AI無所不在且持續進步的世界中獲得出色表現。

學習AI能透過很多不同的途徑和方法，例如：說故事、個人化學習、差異化教學和機器人學。下面一一做介紹。

人文與科技不必二選一

對於某些人來說，「說故事」和「資訊科學」是兩個非常不同的技能，兩者並陳似乎並不相配；長久以來，我們的教育經常要孩子接受「二選一」的訓練，而不是兩個都選。或許我們應該聽聽格魯丁（Jonathan Grudin）的故事，了解如何將「說故事」和「資訊科學」做整合。

打從格魯丁能自行閱讀開始，他就特別喜歡閱讀文學作品和非文學類書籍，特別是結合兩者、具有偵探推理的故事情節。格魯丁說：「我喜歡解開謎團和思考問題，以及尋找問題解決的模式。對我來說，故事書就像具有一種魔法，將帶我走向未知的方向！」後來他在青少年時期開始學習電腦程式設計，開始嘗試用電腦程式說故事：「故事書的魔法成真了！我可以把自己腦袋裡的想法用程式做呈現，有時後果可以預料，有時則無法猜測。」

身為教育工作者，我們都知道「說故事」在學生的學習過程中具有多麼強大的力量。說故事可以幫助我們記憶，而故事，甚至可以變成文化和傳統的一部分，因為各種文化都會透過口述與書寫故事來傳遞智慧。說故事還可以是很人性化的行為。然而如果機器也開始能模仿人類說故事，它會成為像人類一般傳遞智慧的智慧實體嗎？

當我們談到天生智慧（natural intelligence），我們指的是人類和動物天生具備的能力，而 AI 領域的專家與研究人員正是致力於以機器嘗試複製或增加這種天生智慧。有趣的是，今日大多數 AI 研究大多致力於讓電腦去做人類無法做的事，或是找到跟人類不一樣的做事方法；換言之，這些專家並不想要複製人類智慧。

如今，格魯丁致力於幫助新一代的年輕人燃起對人機互動的熱情。他憑藉小時候對說故事和程式設計的熱愛，為他在擔任微軟首席研究員的教育研究工作奠定堅實的基礎。在 2015 年第 9 屆「筆和觸控技術對教育的影響」研討會上，我跟格魯丁剛好有機會聊天，言談之中讓我印象深刻的一件事，是他能夠兼顧理論和實務，運用極富人性化的方式跟我的學生交談，同時引導他們進行設計思考和 STEM 挑戰。

從 1970 年代末期開始，格魯丁就開始跟 AI 團體合作。幾十年來，許多教學理論、方法和典範不斷轉移，AI 的進展也

如出一轍。AI技術曾一度蓬勃發展，然後在進入另一個「AI寒冬」時似乎又委靡不振。當人們對AI的潛力感到興奮時，AI就會經歷一波的熱潮；當複雜度變得顯而易見，新的AI寒冬會降臨，資金變得難覓，熱潮就會消退。然後，技術的進步又帶來指數性成長的新希望，AI季節的循環會繼續下去。向克（Roger Shank）就曾發出警告，過度承諾目前的AI能力，可能會開啟另一次的「AI寒冬」；他主張要準確辨認目前的AI能力，並且在其限制方面維持透明。要幫助年輕人為充滿AI的未來做好準備，應該納入長期的願景，這樣他們才不會受到因資金減少或進步明顯減緩的發展循環影響，放棄學習新科技的意願。

雖然有些人可能會認為「AI盛夏」與「AI寒冬」的循環令人洩氣，但其中也有美妙之處，因為我們對人類心智的複雜度與運作方式，以及社會文化互動的細微差異有了更深入與深刻的理解。這些知識可以啟發教育工作者，找到激發人類大腦潛能最佳化的新方法，增強讓我們之所以成為人類的獨有特點，而不是教學生最基本的處理任務，或是只要求他們不斷記憶和重複一樣的學習內容。

教學資源

設計思考、系統思考和公眾科學

　　利用以下資源，增強專屬於人類的特有能力！

- 設計思考 CH4-01
- 系統思考 CH4-02
- 公眾科學 CH4-03

個人化學習激發學習熱情

　　本章開頭就提到個人化學習（personalized learning）的故事，那樣的學習方式不僅個人化，也變得非常私人。雖然個人化學習的定義可能因人而異，但有一件事情是共通的，那就是參與這種學習模式的學生不會在同一時間做同一件事，他們的學習內容會反映他們的文化、熱情、獨特處境、挑戰，或未來的方向。實踐個人化學習可能藉由學生制訂任務或目標的方式，也可能是逐漸釋放教育工作者的主控權，讓學生練習更多的自我調整、自我導向和知識建構。

　　跟傳統的教育方式不同，個人化學習聚焦在學習的人性因

素，例如學生在深刻探索好奇心時的獨特需要和差異。當我們努力培養今日學生的能力，讓他們跟愈來愈聰明的機器區分開來，個人化學習提供了一條途徑，讓創造力和批判性思考這類重要技能得以蓬勃發展。在此同時，AI也扮演起促成更多個人化學習的功能，有些工具能提高教師的解讀能力，讓學生盡情探索不同的學習途徑，同時還能蒐集每個孩子細微的學習歷程資料。

現在在YouTube頻道中有許多影片製作人，他們能接觸廣大觀眾，為個人化學習途徑增添多樣性。2018年，我有機會在德州奧斯丁的西南偏南教育展（South by Southwest Edu，簡稱SXSW EDU）跟賈布里爾（Jabril）見面，他將在由我主持的AI峰會上發表一場有關AI的演說。我們在走廊上聊起如何改變以往做法，讓年輕人積極為AI做好準備。身為數位媒體製作人，賈布里爾在以視覺方式解釋資訊，以及探索數位媒體新領域方面擁有豐富經驗。過去10年以來，賈布里爾一直嘗試透過數位媒體說故事的技巧，讓孩子喜歡學習，事實證明，他製作的影片為學習者提供了很大的影響力。

賈布里爾告訴我，他在成長過程中並沒有感受到學習是一件令人興奮的事，正因如此，當他具備媒體製作的資歷，便熱切的想提供學習資源，讓年輕人獲得自己過去對學習從所未有的興奮。他建立起自己的YouTube頻道，努力想要讓大家知

道，學習可以是有趣而且對自己有益的過程。目前在他的頻道中已經製作許多影片，激勵年輕人去探索機器學習和人工智慧的世界。

 了解AI

探索賈布里爾的Youtube頻道

賈布里爾製作多部有關機器學習和AI的STEM影片，他也分享自己如何改善數學技能，以實現他想製作機器學習遊戲的目標。

- 「編寫我的第一個機器學習遊戲」 CH4-04
- 「訓練我的第一個機器學習遊戲」 CH4-05
- 「完成我的第一個機器學習遊戲」 CH4-06
- 「事後分析我的第一個機器學習遊戲」 CH4-07

探索個人化學習這個新領域，剛開始可能會讓教師覺得難以掌握。我們甚至會想：當學生並未同時停留在教科書的某一頁，評量的運作模式也將從一套正確答案轉換到可以標準化的測驗，我們要如何隨時掌控每個學生的學習狀況？要回答這個問題，可能必須牽涉到教育工作者對於學習的基本假設。而成功的個人化學習對於學習的假設包含以下幾個特色：

- 學習目標、教學方法及教學內容會根據學生需求而有不同。

- 學習活動必須因應學習者的興趣,而且通常是學習者自己發起的,這些活動能幫助他們在真實世界中擴展自己的能力。

- 教育工作者不是知識的傳遞者,而是學習的支持者、教練與促進者。

- 學生定義和規範自己的學習路徑以達成既定目標,藉此培養創造力、批判性思考和自我效能。

- 學生可以善用科技,決定他們展示學習成果的內容與方式。

- 學習是發生在循環之中,而不是從接收內容到接受評量這樣的線性進展。在整個學習循環中,數位工具能幫助學生和教師評估長處和弱點。

- 學生要學習的技能和學科領域會有清楚定義,然後透過對技能與理解能力的證據來進行評量。

- 在整個學習歷程中,學生和教師會將學習融入科技以支持學習,並在過程中選擇最符合任務的工具。

- 個人化學習不會代替教育工作者的角色,但學生對於成功達到目標會有自己的進度,當他們特定為此做出決定時,個人化學習會提供資料和策略,幫助教育工作者了解何時該進行干預、提供重新定向或更多支持,以及何時讓學生自我調整、練習自主,以及調整步伐。

當學生成為知識建構者和創新設計者，他們就愈能掌控自己的學習過程，也愈能展示自己的進步。請看以下例子，了解學生如何利用「Sway」創造出展示個人化學習路徑的作品集：

1. 八年級的李（Sharice Lee） CH4-08 。
2. 九年級的海露（Afomeya Hailu） CH4-09 。

 教學資源

透過「Impact課程」進行個人化學習

聽聽學生解釋南非的「Impact課程」如何支持英語和數學的學習 CH4-10 。你可以在他們的談話內容當中，察覺到哪些個人化學習的元素？

AI可以透過「米雅學習」這類的程式以及虛擬個人助理支持個人化學習。「神奇皮克斯」 CH4-11 也提供了個人化學習的途徑。「可汗學院」則是另一個支持個人化學習的計畫 CH4-12 。

學生在設計和溝通他們新創的知識時，「Sway」這類工具能迅速幫助學生個人化，同時讓內容的格式和風格保持一致。「Sway」利用機器學習演算法來支持搜尋、設計，以及其他功能。本質上，機器學習可以幫忙承擔一些工作量，提供專業、

精緻的設計，讓學生專心創造個人化內容。

 教學資源

海露的民族誌專案

　　探索學生海露提供的個人化學習例子 CH4-13 。這個民族誌作業是個人化學習、專題導向、專注在社會領域的學習經驗。在海露對家族史和衣索比亞文化所進行的民族誌研究中，你能找到多少「學生版ISTE標準」的元素？

運用AI實現差異化教學

　　如果你教過數學，你一定知道教室裡的每個學生不會具備相同的先備知識、提出同樣的問題、以相同的步伐前進，或是以同樣的方式學習數學。身為教育工作者，如果你可以自由選擇數學教學的方式，可能會考慮以下幾種選項：一、確保所有學生在學習內容時，保持相同的步伐和進步，藉此維持課程的一致性和學生的專注力。二、讓學生按照自己的步伐前進，在特定時刻追蹤與評估每個人的進度與內容。如果你曾經嘗試過第二種方法，你會知道差異化教學（differentiated instruction）

執行上會有多麼困難，不，這在人力上根本是不可能的任務！差異化學習通常必須在不同主題之間切換，以回答學生問題、支持他們的學習，這樣才能及時應付下一波的問題。

如今，我們已經能運用AI的基本基礎元件來支持差異化教學實際應用在真實教學情境中。麥格羅希爾數學（McGraw Hill Mathematics）就提供名為「ALEKS」的適性學程。15歲的弗萊明（Rhonwyn Fleming）描述她第一年使用「ALEKS」學習數學的情況：

> 「ALEKS」是教學生數學的線上課程。在學年一開始，每個學生會接受安置測驗（placement test），這個測驗會根據學生答題的狀況來安排課程，像是中學生會學的代數、代數二、幾何學，或高等數學。每個課程不僅涵蓋跨州共同核心課程標準（Common Core State Standards）的觀念，也填補了學生先前數學教育中可能出現的縫隙。既然每個課程都是根據學生的需要量身訂製，因此可以提供個人化服務，讓每個學生按照自己的節奏進行學習。
>
> 我認為「ALEKS」非常有幫助，因為有些學生立刻就能理解某些概念，但也有些學生可能需要更多時間才能真的想通。除了練習，「ALEKS」也會針對主題進行簡短說明，並且提供進一步閱讀的資源。因此，數學老師不用每天

趕進度，相反的，他們可以擔任每個學生學習的促進者（facilitator）。最大的好處是，學生不用再浪費時間聽他們可能感到無聊或是無法理解的課程了。

「ALEKS」也教授寶貴的技能，例如時間管理和學生導向學習（student-driven learning），還會顯示課程中還剩下多少待學習的主題，因此很容易就能釐清每週必須完成的學習內容，這樣才能在學年結束前完成課程。「ALEKS」還會利用人類天生的動機來設定目標，藉此激勵學生堅持上完整堂課程。缺乏動機和時間管理技能，學生可能很難完成課程。

海露已經使用「ALEKS」好幾年了。以下是她的看法：

我在七年級的時候知道有「ALEKS」。剛開始使用的時候，我們對於這種學習方式感到很懷疑。對我來說，數學課就是一個老師教課、你完成作業的課程，我從來都不知道上數學課時，是可以按照自己的步伐前進，依照自己的規劃來完成作業。

當我們開始使用「ALEKS」，這一切都改變了。「ALEKS」是線上數學課程，能讓教師追蹤自己的學生在不同數學課程中的進度。你可以用自己的速度上數學課。這代表在一學年裡，你可以依照自己的興趣探索不同的數學主題。

在學校，我們被要求每年至少完成一個數學課程，每週至少上完10個主題和2.5個小時。而在每堂「ALEKS」數學課則分成幾個部分，例如線性方程式或實數。每個部分又會細分為幾個主題。針對每個主題，你會先上一堂課，然後回答兩、三個問題。如果你答對一定數量的問題，你就能通過這個主題的測驗。如果你答錯一題，還有另一次回答的機會，如果你還是答錯了，你就會看到自己為什麼錯了，然後再學一次。

每名學生上完一定數量的課程主題和時數之後，按規定必須接受知識測驗。知識測驗會測試你最近學過主題的學習狀況。針對無法回答正確答案的主題，你必須回頭再學一次。

在這幾年使用經驗中，我注意到一件事，就是在利用「ALEKS」時，我經常忘記我學過的主題。這不同於從前，當我跟整班同學一起上課時，老師會在那一週或整段時間教導類似的課程，因此那些數學主題會深入我的腦袋。然而在「ALEKS」課程裡，很多主題只有透過兩、三個問題來檢核，一旦通過檢核，便讓我得不到太多練習。

也就是說，當我只利用「ALEKS」時，我經常把時間花在完成主題，卻可能沒記住我學到的東西。而當我只跟整班一起上數學課時，自己又會覺得受限於固定的進度而感到

無聊和受限。「ALEKS」能幫助我按照自己的步調，以更快或更慢的速度學習；傳統課堂上的課程則能幫助我學習數學必須了解的基本元素。如果能把兩種學習方式結合起來，我認為對自己來說會是更有效率的方法。

教學資源

- 探索「ALEKS」背後的科學　CH4-14
- 看看學習者如何運用「ALEKS」　CH4-15
- 了解「ALEKS」如何運作　CH4-16
- 閱讀「ALEKS」相關研究　CH4-17

在幼兒學習方面，芝麻街工作室一直在探索跟學習閱讀有關的AI。它的支援系統來自「IBM華生」。目前IBM和芝麻街工作室跟美國喬治亞州的昆內特郡公立學校（美國頂尖的都會學區）合作，完成了他們的前導測試，探索業內第一個認知詞彙學習（cognitive vocabulary-learning）應用程式對年輕學生的執行情況。當人類與智慧機器互動時，雙方都在進行學習。機器向學生學習，學生向機器學習。請到這個網站進一步了解　CH4-18　。

芝麻街工作室採用循環的研究模式（告知、改善、衡量、重複），設計出適合幼童發展的個人化學習模式。他們的方法著眼於幼兒如何對內容做出反應，然後處理常見的問題、釐清錯誤觀念，並且以架構支持具有挑戰性的概念。他們在關鍵的學習成分加上歡笑和情緒，藉此管理學習的情感面。在過程中，他們嵌入了對認知學業語言能力（CALP）和基本人際對話技能（BICS）的支持，當幼兒觀看時，會有角色研究和討論他們的學習。他們的反覆模式不僅有助於改善學習方法，也能幫助成年人在朝向 AI 輔助的讀寫能力發展教學時做到差異化。想了解芝麻街工作坊如何用心於他們的學習方法嗎？見 CH4-19 。

 教學資源

易用性與差異化教學

微軟的課程「學習輔助工具：協助多元學習」 CH4-20 。探索已經內建在 Office 365 工具裡的一些功能，這些功能使用自然語言處理和機器學習，為患有閱讀障礙和視力損傷的人，以及需要閱讀輔助的年輕學子提供學習輔助。

微軟的使命是讓所有的人和組織有能力做更多事；教室也一樣。微軟視窗、以視窗為基礎的應用程式（例如 Office），以及其他的輔助技術，一起提供了讓電腦更容易為所有人使用的功能，讓教師有機會提供個人化學習，也為教室裡的學生提供更好的體驗與平

等的機會。

- 了解各種已發揮作用的易用性技術 CH4-21
- 深入了解「OneNote」沉浸式閱讀工具 CH4-22
- 觀看有關「OneNote」沉浸式閱讀工具的影片 CH4-23

微軟的機器人學課程

　　機器人不等同於 AI，但是對與實體世界互動的智慧機器來說，AI 是其組成的一部分。未來的世界會整合機器人學和認知系統，例如具有機器學習能力的「IBM 華生」。當我們要幫助學生為這樣的未來做好準備，讓他們接觸機器人學是好事一件。

　　在微軟提供的「打造模仿人類的機器」課程中，透過做中學的活動，教你如何打造感測器以控制機器手臂（圖 4.1）。這個符合新世代科學標準的課程計畫呈現真實世界的場景，你可以學習工程師和科學家打造機器手臂這項工具，讓外科醫師能執行遙控手術，或是讓太空人在太空中控制探測車。想更加了解這項課程，見 CH4-24 。

　　除了機器人學，微軟的「駭進 STEM」（Hacking STEM）網站有大量的免費資源、課程計畫、易於遵循的逐步指引，並

圖4.1

裝有感測器的手套會擷取動作資料，可用來控制機器手臂。

提供STEM新手和專家學習的平價選項。

● 探索「駭進STEM」的課程計畫和資源指南。他們甚至有樂高和風火輪（Hot Wheels）的專案 CH4-25 。

● 想知道更多有關樂高機器人的課程，請拜訪微軟教育工作者社群，參加「頭腦風暴」（Mindstorm）EV3機器人學的免費線上課程 CH4-26 。

● 請看倫頓基督教學校的學生操作「頭腦風暴EV3」的例子 CH4-27 。

教學資源

現在有很多資訊科學教育的免費資源，包括課程計畫、逐步指南，你可以運用在班級教學，或是把它當成差異化教學的一部分專案。例如：

● 微軟的「MakeCode」 CH4-28

- 「Code.org」 CH4-29
- 「CodeCombat」 CH4-30
- 「Minecraft」教育版的程式碼建立器 CH4-31
- MIT的「MIT」 CH4-32
- Google的程式設計遊戲「Blockly」 CH4-33

STEM 相關職業中的多樣性和性別平等

當我們希望增進學生在社會文化層面的學習，並讓他們為人機互動日益頻繁的未來做好準備，就必須在教學方案裡添加更多的多樣性。

講到多樣性，我們常會忘記在課堂對話中納入學生的聲音。所以本書不斷讓學生在故事及案例中現「聲」，談談他們想讓教育工作者知道些什麼。不管學生是在我的課堂上發言，或是跟我一起在研討會上發表、與業界專家對談、為期刊撰文，或是參加並贏得競賽，當學生了解到自己聲音的力量，他們自然會願意主動加入討論。

如果缺乏對社會多樣性的認識，研發人員和設計人員在創造AI認知系統、機器人技術與機器學習的元件時，會很難去發現其他群體的需求。我們在前文中介紹過幾個運用AI技術

來開發或改善無障礙工具的例子，例如透過動作感測器讀取手勢，將手語翻譯為語音或文字的視障輔助工具。

雖然本章無法涵蓋所有多樣性議題，但仍會介紹幾個案例，希望藉此以小見大，讓我們了解一些看似無關緊要的小細節，卻可能導致深遠影響。照辛普森（Jamila Simpson）博士的說法就是：「千萬別低估了對自己看法的影響力。」辛普森極力倡導增加STEM領域成員的多樣性。她是第一位在北卡羅來納州立大學拿到氣象學理學士的非裔美籍女性，目前擔任理學院助理院長，並曾協調學院舉辦以增進STEM領域多樣性為主題的論壇，使參與者有機會接觸來自不同社會群體的聲音。

辛普森在一篇文章中強調，人們對自己的看法，往往對未來職業選擇有顯著的影響。她提到：「我請現場的小朋友和大人們一起閉上眼睛，想像一位『正在做實驗的科學家』。結果大家腦海中浮現的形象，幾乎都是『滿頭亂髮的年長白人男性』。如果講到『科學家』這個職業，他們壓根不會聯想到自己，當人們不相信自己可能成為那個角色，就會阻礙他們對未來的想像」。

STEM 適合每個人

還記得上一章提到的布利特嗎？她曾在部落格寫了首關於多樣性的詩，鼓勵學生勇敢為自己發聲、開創對於參與科技的

願景。我問布利特，關於STEM多樣性，她想要對教育工作者
說些什麼。她告訴我：

> 即使在日常生活中，理解和尊重其他文化也很重要。請教
> 導您的學生，讓他們理解文化多樣性的重要，鼓勵他們
> 尊重他人，並幫助他們了解STEM適合每個人。隨著科技
> 快速發展，社會需要愈來愈多從事STEM相關工作的人才
> （無論他來自哪裡）。STEM並不專屬於那些有機會使用最
> 新、最好技術的人，我們應該讓來自不同文化、種族、性
> 別認同、社會階層等各式各樣的人一同共事，這麼一來，
> 我們將能突破各種限制，想到更多解決方案，完成更多任
> 務，同時還能盡可能把偏見降到最低。當我們能在日常的

圖4.2

在一場STEM挑戰
中，12到15歲的學
生指導4歲的孩子
利用有限的材料，
創造出能支撐一顆
蘋果重量的結構。

CH4-34

STEM教學與師生互動中，真正尊重每個文化與性別，就會有更多人一同加入，最終促成科技進一步的發展。

馬蘭古（Xoliswa Zinzile Mahlangu）來自南非豪登省的索威多。她是金山大學（Wits University）約翰尼斯堡軟體工程中心（Joburg Centre for Software Engineering）的電腦課程研發人員與技術整合專家。2018年3月，我有機會在新加坡的全球教育工作者交流會議上跟她見面。一直以來，她致力於啟發女性從事STEM，並獲得亮眼的成績，我邀請她分享幫助女性進入STEM相關產業的經驗。以下是她的談話內容：

事情得從她們還小的時候說起。那些長大後能在科技業發光發熱的女性，她們共同之處就是：她們相信自己能夠勝任科技工作，相信這些工作是適合她們的。在成長的過程中，她們有機會玩樂高和遙控車。她們被鼓勵去玩拼圖、下棋，她們有機會犯錯並在錯誤中學習，而不是被期待要當個別人眼中既標準又完美的「漂亮小女孩」。

在我帶領的專案中，我總是讓團隊由不同性別成員組合而成，共同努力建構技術解決方案，而且每個人都要負責解決方案中的部分程式設計。我看見當團隊成功克服技術障礙那一刻，許多女孩比男孩還要興奮，她們臉上閃耀著無

比耀眼的光芒。

我們現在所教導的學生，是誕生於科技不斷變遷的數位原住民。我已逐漸了解到學生有時可能知道的比我多，所以在某些任務上，我會平等的請男生和女生來幫忙。我經常提醒自己，不要害怕新的事物、新的科技，而是要嘗試它、接受它。我希望自己能為女孩們示範對科技的開放態度，讓我的勇氣與好奇心間接感染她們。

「影響計畫」（Impact Programme）宗旨是為了增進人們對資訊及通訊技術（Information Communication Technology，簡稱ICT）日常運用的思考。2017年舉辦的競賽，考驗參賽者如何設計遊戲來解決當前非洲大陸所面臨的社會問題。馬蘭古帶領學生參賽，希望學生學習運用同理心及設計思考，來解決當日常生活所面臨的困境。

學生恩格科波（Zanele Ngcobo）談到她想要處理的議題。她注意到南非的人們逐漸淡忘自己來自哪裡，因而失去與過去歷史文化間的連結。最後恩格科波的隊伍贏得了三個獎項。可透過以下影片，聽她談談自己參與「影響計畫」的經驗 CH4-35 。

日本和南非或許在許多方面看起來截然不同，但是在這兩個地方，我們都看到人們都渴望更認識自己、更了解自己的文

化，並嘗試利用新科技讓逐漸被忽略的事物重新被看見。

 教學資源

「IT中的女性」論壇

　　請聽馬蘭古在約翰尼斯堡軟體工程中心舉辦的「資訊科技產業中的女性」論壇裡談論性別平等的影片 `CH4-36`

思考STEM職業中的多樣性

● 討論本章中提到的學生講故事的方式，以及他們如何表現多樣性和公平性。

● 在討論「STEM中的公平」段落中收錄了似乎與STEM職涯沒有直接相關的一首詩和兩段影片，其價值何在？

● 對STEM職業中的公平來說，這要如何成為重要基礎？原因又是什麼？

● 請想想每支影片或每首詩如何證明這些學生成為了：有能力的學習者、運算思維者、數位公民、創意溝通者、知識建構者、全球合作者、創新設計者。

了解AI

丹曼（Amanda Damman）是通用汽車（General Motors）的工程業務經理。她分享自己對於STEM領域中AI和性別平等的觀點。

● 談AI和性別平等

儘管我們創造的系統和使用的技術正在迅速發展，仍有一些基本的AI原則能承受時間的考驗。在這個領域工作的專業人士必須願意以同樣的步調適應和改變。畢竟，每次我們遇到的技術進步，都是由人類大腦所促成的。這樣的承諾和彈性將驅動產業前進，最終推動人類向前發展。

汽車產業已經接受人工智慧以追求自駕車的發展，證明了他們有意願以所需的速度逐漸演變。我們的團隊分別來自具有軟體思維的矽谷，以及具有製造技能知識的底特律，他們正在共同努力以改變汽車產業的面貌。人工智慧和突破性軟體的有效結合為我們帶來了自駕車，這項發展是結合多種系統的結果，其中包括感知、行為控制、地圖製作、控制和模擬。我們的願景是：一個沒有車禍的世界、改善通勤時間、讓無法開車的人保有獨立性，受到上述願景的激勵，汽車產業就跟其他許多產業一樣，在接下來五年將經歷比過去五十年更多的改變。

● 談性別平等

人工智慧的快速發展，讓這項技術愈來愈生活化。從語音辨識到地圖應用程式，從建議搜尋到自駕車，AI無所不在的影響世界各地人們的生活。雖然這項技術對所有人、不分男女老幼都有好處，但在推動這項發展的產業時，卻往往忽略對於性別平等的討論。科

技產業和STEM領域依然是由男性主導。促成這股趨勢受到幾項因素影響，包括：人們認為STEM領域可能對男孩和男人比較有吸引力、女孩早在中學時期就失去對STEM的興趣，以及有些女性認為STEM職業很男性化。

女性使用AI的方式與考量可能跟男性不一樣。例如我們在設計自駕車時，如果考量女性使用者在接送小孩上下學這項需求上，就會把人身安全納為首要考量。這促使我們把性別納入使用者習慣和整體經驗的思考上，讓AI科技能讓男性和女性都受益，而人工智慧背後所存在的性別差距更不容忽視。在AI快速發展的同時，更加彰顯STEM職業中對性別平等的迫切需要，我相信回歸到根本，教育工作者將扮演著莫大的重要角色。

STEM職業中的頭髮和多樣性

只要有人一時失察，無心的偏見就很容易悄悄溜進設計裡。例如，在蒐集訓練機器所需的資料時，大家直覺上常認為「頭髮」這個因素不重要，所以相當容易被忽略。威爾森在改良腦機械面的過程中，就曾因為所蒐集髮型資料的代表性不足，導致機器在遇到特定髮型時無法順利運作。

如同我們接下來會看到的，光是要在動畫中「模擬頭髮」，就是一件多麼高度挑戰性的工作。多數人往往低估了用動畫模擬真實世界的難度，甚至從沒想過要創造出看起來栩栩如生的角色，不單涉及說故事的藝術，還需要用到數學和物

理學。在「神奇皮克斯」課程中，他們一直在積極處理這項挑戰，設法在課程中帶出多樣性議題的反思，希望動畫製作者能夠仔細考慮年輕觀眾從動畫角色中接受到什麼樣的訊息。

以「模擬頭髮」為例，課程影片中一位皮克斯的女性軟體工程師告訴我們，在動畫《勇敢傳說》（Brave）裡，頭髮具有很重要的意義，它不僅傳達了主角的個性設定，同時也是自由的象徵。皮克斯賦予頭髮重要的象徵意義，他們運用物理學、數學、軟體工程和程式設計，經過長時間反覆嘗試，才得以展現出捲髮在角色跳動時應有的彈力和重力感受。這位女性工程師說：「這真的很難，我們試了非常非常多次才達成想要的感覺……但最後一頭紅髮的梅莉達彷彿是個真實存在的女孩，凌亂、狂野，而且自由」。探索「頭髮模擬」的介紹影片 CH4-37。

在《頭髮很重要：美麗、力量和黑人女性的意識》（Hair Matters: Beauty, Power and Black Women's Consciousness）一書中，班克斯（Ingrid Banks）寫道：

> 黑人女性對頭髮有著共同的集體意識，雖然她們的表現方式可能各不相同。許多黑人女性在創作中都會提到頭髮，所以我問受訪的女孩或女人的第一個問題，都是「髮型對妳而言是重要的嗎？為什麼重要呢？」。受訪者的回答各

· 不相同，但多數女性都同意，在某種程度上髮型對她們或是其他黑人女性而言是尤其重要的。

當我們談起STEM和多樣性，通常你第一個會想到的絕對不會是「頭髮」，但我們在其中可以明顯看見，團隊中的「多樣性」確實有助於提升新興技術的表現手法。回顧人類歷史，頭髮在全球各地的表演藝術中都扮演了某種重要角色。對皮克斯來說，我們甚至可以利用頭髮來說故事，彰顯出角色的獨特個性。

在我們跟隨著AI不斷向前發展的過程中，請務必銘記在心：我們所創造出的技術，是如此深受多樣性的影響，同時也深深影響著多樣性的發展。

AI 如何支持
教師教學

更聰明，而非更努力的工作

登場人物：

凱勒曼（David Kellermann）：雪梨新南威爾斯大學機械與製造工程學院教師；窺識君機器人程式：人工智慧助教

場景：

澳洲的雪梨新南威爾斯大學是公立研究型大學，成立於 1949 年。根據 2017 年 QS 世界大學排名，它在新南威爾斯排名第 1，在澳洲排名第 3，在全世界排名第 45 名。

時間：2018 年 4 月

圖 5.1

位在澳洲雪梨的
新南威爾斯大學。

第二幕

第五景

背　　景：一堂機械工程入門課，修課人數共有500名學生，其
　　　　　中親自到班上課的學生共350人，線上學習的學生有
　　　　　150人。

啟幕時：當修課的500名學生正在埋首準備期末考時，線上論
　　　　　壇也因為密切討論各種問題，使得論壇人氣從早到晚
　　　　　都熱鬧非凡。凱勒曼、課程助教和12名來自不同班
　　　　　級的導師，盡己所能的努力回答論壇上學生提出來的
　　　　　各式各樣問題，神奇的是，學生們也會在線上解答彼
　　　　　此的問題。

張貼的貼文不斷湧現，有些問題卻沒人回答；老師們也不知道誰應該回答哪些問題，他們經常花時間回答已經有人回答的問題，或是那些可以在課程錄影或教材裡找到答案的問題。最糟的是，到了學期末，論壇就會關閉，所有珍貴的對話都會消失。

一週後，機械工程期末考的答案卷堆積如山，是的，用堆積如山來形容一點都不誇張。假設一份考卷有24頁，再乘以500名學生，教師要拿回去批改的試卷總共有12,000頁。考試卷最後會被裝在六個大袋子裡，由助教扛著帶來閱卷教室。想像一下，要把這些笨重的紙張從某個地點搬到另一個地點，而且不能弄亂，途中還不能被障礙物絆倒，助教需要多麼精通物理學啊！

還沒完呢，每份考卷必須傳給12位不同的閱卷者，每位閱卷者在某個特定問題上都必須評估500份答案。為了完成任務，閱卷者必須迅速翻閱評分指標，以找到打分數的參照標準。閱卷結束後，還得花一整天輸入成績資料。對於考試後勤人員來說，每一次考試後都像是打一場仗般的耗費體力。

情　節：這學期的狀況不太一樣。由凱勒曼設計、研發完成一款名為「窺識君」（Question）的機器人程式，在課

程論壇上幫了大忙。當學生發問問題時可以標記「窺識君」，它就會從發問的內容中搜尋問題牽涉到哪個課程主題，以及是誰在發問。根據註冊資料，它也會知道學生是在哪一班，以及這個班的指導老師是誰。收到詢問之後，「窺識君」會發送推播通知到負責這名學生的兩位導師的手機和個人電腦。機器人也會追蹤每個問題的狀態，並且提供按鍵設計，讓問題在獲得解答後讓人按下按鍵，推播通知就會取消。系統讓導師能輕鬆追蹤由學生張貼、卻沒有人回答的所有問題。一旦問題解決了，導師就能按下「已解答」按鈕。這會通知機器人把問題與解答加到按主題分類的知識資料庫裡（圖5.2）。

圖 5.2

當學生的問題獲得解答，機器人會把正確解答加進知識資料庫，將來就能用來回答類似的問題。

　　機器人程式不僅可以做為學生的寶貴學習資源，也可以利用自然語言處理APIs來分類學生問的問題，看看它們是否類似於先前已提問的問題，甚至還能與前幾年學生所張貼的問題進行比較與分析，可以為教授、助教、班級導師以及學生本身整理出集體知識。另一個AI程式則會自動為課程影片產生隱藏式字幕，可以判斷學生的問題是否已經在課程中回答了。如果機器人程式確信問題相符合，它就會提供超連結，帶學生到課程中影片出現答案的確實秒數，再次播放影片。當論壇上的問題回覆藉由機器人程式獲得解決，就會減輕助教和導師的工作量，這樣一來，他們就能把精力放在與學生相互對話，專注在解決學生比較困難的問題理解上。

　　考試閱卷的問題也可以透過科技獲得解決。首先，12,000頁的考試卷會輸入自動掃描機，AI機器人程式會從每份考卷的首頁讀取學生的編號，然後把每個題目分成兩頁的PDF。每一批共500題會批次上傳到雲端，批改任務會指派給導師，他們拿著評分指標和觸控按鈕就可以開始批改考卷，然後直接把分數登記在試算表上。於是，裝滿考試卷的袋子消失了。需要不斷翻閱的評分標準消失了。再也不用花幾百個小時翻頁以找到正確題目，也不用再花無數小時辛苦的輸入分數資料。只要有一台筆電或平板電腦，教師可以在任何地方改考卷，他們甚至可以利用數位墨水提供回饋意見。

AI機器人程式對教師提供考試數位化的輔助不僅於此，它可以讀取最後的數值答案，如果計算完美，就會自動給滿分。如果最後的答案錯了，它就會標示這個題目讓人類檢查。AI機器人程式也能利用機器學習為正確的圖形和圖表打分數——機器人程式已經用上學期批改過的考試卷訓練過。它也能從語法上分析學生撰寫的解釋，把它們跟可接受答案的樣本做比對。所有這些新科技都大量減輕講師和導師的後勤工作量，讓他們能空出更多時間為學生撰寫有見地的回饋意見。因為AI機器人程式能把每個試題歸類到每個主題、每個對話和每個出席項目，因此能提供以個別學生為基礎的分析回饋。而這一切都才剛開始。

第五景 完

運用科技讓教育工作者省力

2018年4月，當我拜訪雪梨的新南威爾斯大學，我跟凱勒曼聊到AI如何成為他在機械與製造工程學院工作上的助力時，他向我生動的描述那些堆積如山的考試卷。對於國小、國中和高中的教師來說，很少人會在學期末必須批改12,000頁的考試卷，因此當凱勒曼向我提到必須搬運和批改一大堆考試

卷的景象，的確喚起了我強烈的同理心。

　　同理心正是設計思考的循環中通往創新的第一步。凱勒曼是一位具有同理心的教師，他留意到由於大學裡的座位不足以容納選課人數，使得有些選課學生必須透過觀看線上錄影課程進行學習，卻導致在課堂中上課和聆聽錄音課程的學生之間出現學習上的差異。為此，他開始尋找原因。

用科技建立社群，提高學生參與度

　　仔細探究之下，凱勒曼發現課堂中的非語言溝通、視覺輔助，以及參與面對面的班級討論，都會對學生的學習造成正面影響。為了達成選課學生學習上的公平性，他希望找到一個解決方案 —— 即使仍然無法讓每個學生都能親自進班上課。凱勒曼認為大量開放線上課程（massive open online course，簡稱MOOC）和翻轉教室（flipped classroom），反而會扼殺部分學生參與和回饋的機會，使其無法從學習過程中培養合作和溝通，導致學生學習到的只剩一些貧瘠的經驗。凱勒曼認為尤其像是「機械工程入門」是一堂亟具挑戰的課程，學生更是需要透過社會文化層面的互動來幫助學習。在這樣的情況下，倘若教育工作者無法察覺這些被遺漏的細節，便會讓學生的學習差

距更加嚴重。

　　凱勒曼決定使用「Microsoft Teams」來取代以往進行線上討論的學習論壇。使用之後，凱勒曼發現，當學生使用真實的照片當做「Microsoft Teams」個人資料的頭像，開始在網路上互動、回答彼此的問題時，等到他們真正見到本人就能立刻產生連結。這種狀況就類似於一些教育工作者在社群媒體上追蹤了一些教師，或是在網路上看過他們的研究，等到在研討會上遇到本人時，便更容易認出彼此並進行連結。數位互動似乎能協助人們在親自見面時形成更深入、更立即的連結，而相較於之前從未透過科技進行溝通的教育工作者，具備數位互動經驗的人能更快開啟彼此間的話題。

　　自從將學習論壇移到「Microsoft Teams」，凱勒曼驚訝的發現討論區的貼文數增加了800%。到了學期末，參與課程的學生都在「學生經驗調查」裡提到，他們「覺得自己是學習社群的一份子」，這是在之前學習論壇上從未發生的事。

　　科技可能減少學生彼此間的人際互動，讓學生學習經驗變得匱乏，然而它也可以幫助教育工作者建立社群，提高學生的參與度，支持學習的社會文化層面。透過「Microsoft Teams」這類的平台，機器學習的運算能力能協助教育工作者找出需要支援的領域、在需要介入時通知教師，並且促進以社會互動為媒介的學習模式。如同在本章一開始的例子當中，凱勒曼利用

科技來增強人類的連結，相反的，動畫電影《瓦力》中的人類，卻因為科技而取代了人與人之間的交流。讓科技成為教育的利器，或是反而取代人性，端視我們如何運用。

 教學資源

利用「Microsoft Teams」進行合作

「Microsoft Teams」是教育工作者和學生可以使用的數位中心。它讓使用者能以班級或作業為單位進行合作，在專業的學習社群裡進行連結，並且彼此溝通。想要深入了解或開始使用，請造訪 CH5-01

用資料探勘發現學習困難者

每一年，學校蒐集了大量的評量與成績資料，除了可以藉此了解學生學習的狀態和進步的趨勢，還能提供教育工作者改善教學的珍貴資訊。但是如果沒有人有時間或具有專業來分析這些資料，那麼這些珍貴的資訊就會停留在表面的解讀，甚至被閒置在那裡。

幸運的是，AI已經能夠填補這個缺口。資料探勘（data

mining）是資訊科學裡一個跨學科的子領域，一種在龐大資料集當中發現模式的運算程序，使用的方法源自於人工智慧、機器學習、統計學和資料庫系統的交集。教育工作者現在愈來愈常利用資料探勘，幫助自己更容易發現需要額外補救的學習困難者。

評量也能自動化

在凱勒曼的課程中，運用資料探勘的技術為學生帶來許多成功經驗，例如使用「Microsoft Teams」的班級測驗及格率從65%增加到85%。此外，在評量題型的設計與解答上，有別於傳統的選擇題和基本答案，凱勒曼希望用開放性的答題方式，讓學生以更流暢的方式證明自己的理解能力，像是利用數位墨水來畫圖。如此一來，凱勒曼將更了解他的學生是否理解教材，以及能否應用這些知識。圖5.3和5.4是評量樣本中學生作答的例子。

為了評估這類作品，凱勒曼需要更複雜的機器輔助。他找出四種作答形式，並且搭配評估學生作業所需的相對應評分技術：

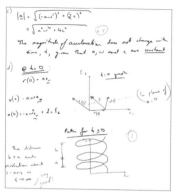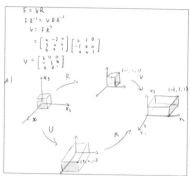

圖 5.3、圖 5.4

學生用數位墨水作答的解題過程。

1. **是非題、選擇或數字題**：布林運算（Boolean）。

2. **申論題**：光學字元辨識（OCR）、自然語言處理和 AI。

3. **圖形題與圖表題**：正向機器學習（Machine learning for positives）。

4. **數學推理題**：當標示為需要檢查時由人類介入。

　　除了處理選擇和是非的答案，評量作業現在也能整合機器學習、自然語言處理和電腦視覺，以及人工判斷。因為是正向機器學習，AI 只能給正分。如果電腦確認一個問題的所有組成都是正確的（包括書寫的部分），就會把該項目標記為正確。碰到不符合的情況時，機器會標記人工處理，請教師檢查答案，因為一切都自動化了（除了標記的項目），使得教師

閱卷工作量減少到只有以前的20%。可以省去從前重複性工作，讓教師能專注在評量作業上需要費心的細微差異，仔細分析每個學生學習的狀況。

在整個課程當中，教育工作者現在可以把評量資料輸入「Power BI」（這是微軟提供的分析服務），並且顯示在學生位於「OneNote」的個人欄位（如圖 5.5所顯示），這樣他們就能透過視覺的方式看到自己的進步。

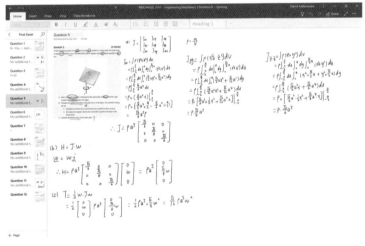

圖 5.5

結構化的工程學期末測驗範例，使用數位墨水，並且在「OneNote」中即時同步。

結合AI、機器學習和人際互動支持學生的學習

在採用AI輔助教學之後,凱勒曼的調查結果顯示,第一年的機械工程學生覺得自己對於學習經驗抱持著正向態度,跟社群成員建立起積極的互動關係,而且認同自己是社群成員的一份子。這樣的反應截然不同於先前的調查結果,以及還沒使用這種方法的其他機械工程課程的調查結果。凱勒曼說:

> 回顧過去,我們了解到這樣使用AI無涉於便利 —— 不像是數位助理因為提供天氣資料,或是設定提醒或鬧鐘而幫你節省10秒鐘。它也跟節省教育經費無關。AI讓教師的深刻見解能以不同方式獲得妥善運用,這樣一來500名學生中的每一位都能從教育經驗中獲得更多東西。

科技除了提升學生的學習經驗,以及學生之間的人際關係,或許凱勒曼的故事當中最令人折服的部分,是他想要為可能在學習上碰到困難的學生提供早期介入。機器學習能以早期偵測提供他協助,讓他能預測學生繼續碰到困難或甚至是輟學的可能性。因為他能夠更早找到這些案例,把時間提前運用在早期介入,藉此改變學生的成長軌跡,支持他們在STEM相關工作領域繼續學習。

AI，具體來說是機器學習，也可以凸顯學生不斷展現力量的特定領域，讓教育工作者有機會提早建議選修課、凸顯學生的天賦，以及推薦技能的搭配。有些技能的組合相當罕見，但學生將來就業時，組織可能會相當重視，AI可以幫忙找出這些技能，否則它們可能會消失在數字成績或百分比。一些雇主會錯過這些完美的匹配，因為測驗只凸顯求職者學習的一個面向，無法輕易展現學生發光發熱的領域。這可能會造成學生的挫折，最後他們可能會改變主修，甚至選擇全新的職涯路徑。這個世界需要一些無法透過測驗成績清楚展現的天賦與技能，我們設計評量是為了測量學生的技能，而機器可能在同樣的技能上勝出，當我們努力要確認人類在這樣的世界裡能做出什麼貢獻時，上述的事情尤其重要。

除了這些評分和評量的例子，AI和機器學習也為凱勒曼提供了學生的集合中心，進而簡化班級管理。現在他可以迅速的把會議、作業或考試日期推送到所有學生的Outlook日曆裡。課程講義會同步張貼到「OneNote」上。影片也會放到「Microsoft Stream」上，聊天機器人會引導學生到影片中能回答他們問題的確切段落。這些技術一起運作，革新了教師和學生的經驗。

找出更聰明，而非更辛苦的教學途徑

要創造一個像凱勒曼所使用的AI驅動系統，必須把多個AI工具整合進一個框架裡。卡森（LeiLani Cauthen）是「學習顧問」（The Learning Counsel）的執行長，著有《學習的消費化》（*The Consumerization of Learning*），當我問她，希望教育工作者知道AI的哪些資訊，以及她覺得AI能如何支持教育工作者。以下是她的說法：

> 在教育領域，AI目前的發展方向是成為課程、補救教學、非直接相關內容和個人化路徑的推薦引擎。在適應性教學軟體和資源蒐集網站裡，就是由AI透過複雜演算法形成的領域。在這裡，負擔已經從在框架系統裡以人工方式進行搜尋與部署，轉移到藉由回饋分析來自動部署，這對教師來說大有幫助。最大的障礙是迥然不同的學科中心（subject-focused）系統，以及如何設計出路線圖，在保有多重的個人化方向的同時，把這些片段整合進單一的課程地圖（curriculum map）。

> 雖然片段已經存在，而且事情頗有進展，但個別的教育工作者依然得花很大的功夫去尋找、檢查和結合AI工具，以產

生可運作的系統來幫助教師更聰明而非更努力的工作。隨著像凱勒曼這樣的人改善他們的系統並且把框架抽象化以便從大學等級轉移到 K-12 教室，整合 AI 會變得更加容易，要在 K-12 的環境中複製像凱勒曼那樣的結構仍有其限制。小學教師一般會教多數或所有的科目，雖然這類的教學彈性是可行的，但科技還沒到位。機器也需要大量的訓練資料，這樣才能幫忙評鑑有影像和文字的測驗。新南威爾斯大學一學期有 500 名學生，但較小的班級就需要花較長的時間以產生足夠的重複次數來訓練機器。然而，如同我們所看到 Google 對影像所做的一些研究，機器辨識或預測圖畫的能力一直在大幅進步。

藝術、音樂和 AI

先前我們已經看到很多 AI 促進學生學習的範例。例如：「ALEKS」可以支持數學教師，讓他們評估和正確指出學生在理解方面的差距；「米雅學習」可以輔助教育工作者區分閱讀教學，並且能更加了解學生的進度；「OneNote」學習工具不僅提供輔助功能，也能在一般發展的教室裡幫助學生聆聽、修訂、閱讀和理解。那麼在繪畫和音樂這類的藝術教學上，機器學習可以做什麼來支持教育工作者？

音樂課的混合工具

2018年2月，在美國西北電腦教育工作者委員會上，我有機會跟加州長灘的富蘭克林古典中學（Franklin Classical Middle School）器樂教師費茲傑羅（Andrew Fitzgerald）交談。雖然他沒有明確提到AI，但他使用了大量的工具來讓自己的工作變得更有效率，並且幫助他的學生在追求學習目標時了解自己的進度（圖5.6），這些工具包括「Kahoot!」、「Go Formative」、「Socrative」、「Office Forms」，以及Office的商業分析工具「Power BI」。在他為「微軟教育」（Microsoft Education）部落格所寫的一篇文章裡，他描述自己如何藉由各種工具更有效率

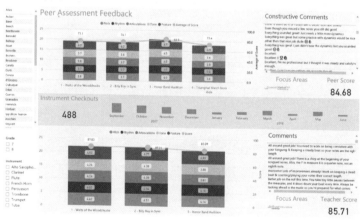

圖 5.6

數位工具能協助教師和同儕評估學生的器樂技巧。

的評估學生的成長。

> 評估學生在音樂上的個別表現是很耗時的過程，尤其是在有 50 名以上學生的班級裡⋯⋯除了由我評估每位學生的表現，同班同學也會提供回饋意見。後來我們使用「Office Form」，在上面填入每個學生的分數以及建設性的回饋意見。把資料輸入「Power BI」，我就能整理專屬於樂器部分和個別學生的分數和回饋意見，輕鬆的跟他們分享，並且利用這份資料進行個人反省與成長型思維相關活動。

想更加了解費茲傑羅如何安排學生的評量資料以及觀賞範例，請至 CH5-02 ，以及他的部落格 CH5-03 。

藝術評量的作品集工具

透過能簡化學生反思過程的作品集工具，AI 可以支援傳統藝術的評量，為教育工作者提供更簡單的方法，讓他們能追蹤進行中的作品。利用機器學習演算法來優化最後呈現時的美學，學生就能把時間和精力都投注在創作上，而不是設計他們的作品集。

雖然藝術教師在學期末或許不用帶幾千頁的測驗卷回家批改，但談到要保存和評比最後成品，仍然是傳統媒材的藝術課

Conclusion and Reflection

Grid pictures were never easy but over the years I have learned plenty of techniques that could help me do it on my own. Practice, failing and re-drafting is always going to happen whether or not you have done it one time or for the twentieth time. Looking at the smallest details of either your hair or hands and trying to replicate something so real onto a piece of paper and getting it right, is a very satisfying feeling. Shapes and measurements are a huge part of this project, as I have learned over the years, and looking at what you see is different than what you think. Even though this is a challenge every time I do it, there is a very satisfying feeling when you see your work and how similar it is to a photograph, which just amazes me.

圖5.7

一名學生利用「Sway」來反思自己繪製石墨方格畫的過程。

的一大挑戰。這些作品很可能會占據教室裡的大量空間,學生也可能為了搬運作品必須攜帶龐大的資料夾。

　　現在有了像「Office Lens」這樣的工具,可以讓人用行動裝置拍攝照片,去除視差以獲得更精美的呈現。如同圖5.7所顯示,請學生記錄他們完成石墨方格畫的進展,能提供某種程度的自我反思與同儕互評;以及一個能在社群媒體甚至是領英(LinkedIn)個人檔案上提交、保存和分享的成品。因為這麼複雜的專案是STEAM學習當中很重要的一部分,這種形式能讓師生對內容進行更複雜的評論,也讓學生比較能跟家人溝通,這樣家人或許能了解學生藝術作品的意義。

具體範例

運用「Sway」於藝術與人文科目的範例

探索以下例子，看看學生如何運用「Sway」思考自己在藝術上的進步：

■ 左（Myra Tso）的「方格畫」 CH5-04

■ 李（Sharice Lee）的「我的禮物背後的故事」 CH5-05

■ 海露的「紅點富士」 CH5-06

■ 宋（Emmy Sung）的「我的禮物背後的故事」 CH5-07

數位時代的學徒制

評量方法若能夠掌握進度，而不僅僅只是評估最後成品，其額外好處就是其他人可以深入了解學生的創作過程。教育工作者可以根據他們看到的狀況來規定作業，而學生可以從提早完成作品的人身上學到東西。從另一個人的創作過程中學到東西，這種能力是學徒制的基礎。學徒制是一種歷史悠久的學習技術。對一個要教大班級的教師來說，這種一對一的支持和引導是不可能的，不過AI可以幫忙填補這段空白。隨著重複性

與基本的任務愈來愈常由機器執行，人類可以轉往學習的學徒制模式發展，這種模式擁有較高階的人際互動。這與高感性和高科技的模式一致。

學徒制模式描述新手和更有經驗的專家之間的關係，專家在共同活動中透過實作參與引導新手。專家決定如何把活動分割成較小規模的次目標，讓學徒可以處理，同時也就如何應用工具與必須的技巧提供有用的建議。格魯丁是微軟的設計研究人員，在討論AI是否會取代教育工作者時，提到了數位時代下學徒制的價值：

> 關於教育工作者是否會被AI取代這個問題，我想問題的解答將取決於以下三點：第一，教師是否願意教導學生AI是什麼；第二，教師是否願意去思考，如果我們不教學生AI是什麼時（或對新科技採取相對保守的態度），世界將會如何變化；第三，教師能夠如何運用AI來協助自己，使工作更有效能。基於上面三點，我會傾向於擁抱運用科技輔助教學。
>
> 就像人類長久以來所倚重的「學徒制」學習方式一樣，新科技並不會取代學徒制之中教師的角色與地位，學生透過師徒制進行學習這點並不會有所改變。沒有任何一項技術能取代一位優良的、有洞見的、富同理心的、激勵人心

的教師。不僅如此，新技術可以協助每位教師更有效能的在自己的工作崗位上發光發熱，特別是有時候當教師不在時，新科技總是能派上用場。

AI的跨科合作誘發學習動機

我們從研究中得知，動機在學習過程中非常重要。波波維奇（Zoran Popovic）是華盛頓大學教授，遊戲科學中心（Center for Game Sciences）主任，也是Enlearn的創辦人。2017年7月，在諾文波（Alan November）於波士頓舉辦的建立學習社群（Building Learning Communities）研討會上，當被問到AI在教育裡的角色，他回答，當他們訓練機器去提醒教育工作者動手跟學生擊掌，而不是在螢幕上給予獎勵時，學生的表現會比較好。人類教師的輸入（input）很重要。利用資料和蒐集作品是一件事。我們如何使用它們來支持和鼓勵學生學習則是另一件事。

教育工作者可以跟那些在AI領域有經驗的人跨學科合作，方式之一就是協助未來世代找到目標。當事情變得困難時還能堅持動機很重要，這並不只適用於學業成績。跟實證

研究的結果一起看時，格魯丁的談話內容就很有道理。人類有天生的心理需求，包括對關係連結、選擇感和成功感的需求。在萊恩和戴區的研究裡，他們把這稱為「關聯、自主和能力」。這三種天生的心理需求獲得滿足時，人們在碰到困難時比較會堅持下去。AI有助於提高自主和能力，這點很合理，但我們需要人與人之間的連結來建立關聯感。我們在指導年紀較大和較小的學生，以及在全球的成功故事當中，都看到這種情況發生。

AI協助教師發現學生知識斷點

圖5.8的影像是一名學生在「ALEKS」的儀表板 —— 網站 CH5-08 對它的形容是「以網路為基礎的人工智慧評量與學習系統」。她是積極進取的學生，非常珍惜在學術內容上表現出色的機會。利用儀表板，她能找到清楚的目標，並且查看進度。對某些學生來說，這是一種激勵；然而，其他人可能會覺得挫敗，甚至無能為力。根據格魯丁的說法，「如果系統給孩子們愈來愈難的問題，直到他們碰到不會做的題目，有些孩子的反應會不錯。但如果每次在一連串問題的最後都以失敗告終，其他孩子可能會覺得洩氣。教師可以深入了解這些系統沒

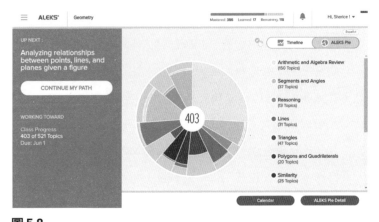

圖 5.8

儀表板顯示學生在「ALEKS」數學課程的進度。

有時間或能力去獲得的動機差異。AI可以幫助他們，但無法取代他們」。

教育工作者有能力去了解學生行為的細微差異，並確定要如何以不同的方式激勵他們。這裡就是機器學習的力量能派上用場的地方：找出需要人際關係的時機，提醒教育工作者介入，結合了高感性與高科技。即使在數學的學徒制中，一個人也很難知道要精通數學時的所有層面，並且準確找出理解上的差距。這裡就是AI能表現出色的地方。

例如，完成「ALEKS」數學課程的學生可以透過儀表板追蹤自己的進度，儀表板會定義出從開始到完成的進度，並拆解

構成特定數學課程的核心概念。在圖5.8，填滿的顏色數量顯示學生在這個學習路線上對課程達到精通的數量。在左邊，適性學程會為學生的學習路線提供建議。上方的進度條會顯示學生已經精通多少課程，以及還剩下多少課程。這套學程已用在大學，可用來評估數學程度和差距，而且它更能貼近學生的步調和進度。

思考AI

- 你認為AI可以在哪些方面支持你扮演好教育者的工作？
- 根據你目前得到的資訊，你覺得未來哪些方面或許是可行的？
- 就支持學生學習來說，哪些方面是機器沒有效果，但身為教師的你有能力表現出色的？
- 你對於在教室裡使用「臉部辨識技術」，來確認情緒或行為有什麼看法？
- 你認為「更聰明而非更努力的工作」是什麼意思？

體育與AI

　　動機並不局限於數學、工程或美術。體育是教育工作者可以開始使用AI來支持學習的另一個領域。在體育產業中，AI

被用來分析運動員的表現、人類生物力學和健康資料，為運動員的表現和培訓提供指導上的支持。

Seismic CH5-09 針對人類生物力學優化運動員的表現，利用MotionScience平台即時追蹤身體動作 CH5-10 。在專門改善姿勢的穿戴式科技（Lumo Lift）上，資料已經支持AI的使用；另外，一款針對跑者的訓練平台（Lumo Run）也證明能有效幫助跑者表現得更有效率，縮短跑步時間。

儘管AI會繼續進步，促成更多專門支持運動員和體育訓練的穿戴式科技，教育工作者和教練依然重要。2018年5月5日，格魯丁在一場對話中提出了這個主張：

> 我的例子來自我第一份拿到薪水的工作：網球教練。看起來我們的工作就是教學員如何打到每一球。當時，你可以透過錄影帶學到如何打到每顆球，後來則是透過YouTube，但這並沒有讓網球教練失業。AI能做什麼？假設它變得非常厲害，分析影片就能找出選手犯的每個錯誤。（我懷疑它現在能辦到，我猜它或許可以向教練建議一些事情，教練就可以看影片並做出更好的分析，但就讓我們假設它可以好了。）它可以找出學生在正手和反手所犯的八個錯誤。它會通知教練。

教練失業了嗎？沒有，教練會評估學生，判斷對方有多積極。我們不清楚學生聽到這些擊球當中有八個問題時，他們的反應是好是壞。或許教練一開始只會提到三個問題，並判斷現在要專注在哪兩個問題上，以及在跟學生擊掌並且去沖澡之前，要多努力督促他們。身為網球教練，我認為有兩件重要的事情：一、讓球員保持積極，並繼續打下去（我的建議是，找到你喜歡對打的人，而且多多打球），以及，二、教他們正確發球，因為沒有人光靠自學就能好好發球。當然，我可以幫忙其他的擊球，但動機是關鍵。目前影像辨識和機器學習系統做不到這點。

聊天機器人能成為虛擬教師嗎？

葛爾曾經提到，認知系統、機器人學和機器學習的簡單交會，是AI裡還沒整合的部分。他也因在工作上使用他為大學課程創造的聊天機器人「吉兒‧華生」（Jill Watson）而知名。他在喬治亞理工學院的正規課程最多只有幾十名學生，但是網路上的學生來自世界各地，人數多達400人。他在一學期裡要應付超過一萬個問題，這是他和員工無法實際解決的負擔。而且，如同我們之前所聽到的，親自上課的人和線

上學習的人之間，兩者在學習上存在著差異。教育研究人員喬丹（Katy Jordan）證明了只有不到15％的學生在註冊之後實際完成了MOOC課程（katyjordan.com）。葛爾在教知識為本（Knowledge-Based）人工智慧課程時，創造出智慧指導教師吉兒・華生。雖然吉兒・華生不是立即發揮作用，也會提供一些奇怪的答案，但它在回答基本問題的準確率後來達到了97％。不過，光是為了開始訓練，他必須上傳四學期的資料，其中包括四萬個問題和答案，以及其他的聊天紀錄。

葛爾告訴《連線》（Wired）雜誌，「吉兒・華生」還沒準備好要教學，或是擔負起人類助教的責任：「要到達那樣的境界，不是要花幾個月或幾年，而是幾十年，甚至幾世紀，至少在我的估計是如此。我們（AI專家）沒有人認為花一百年或更長的時間就能打造出虛擬教師。」

了解AI

- 深入了解《連線》（Wired）雜誌上有關葛爾與「吉兒・華生」的報導 CH5-11
- 閱讀他與波爾佩迪（Lalith Polepeddi）就「吉兒・華生」與AI在線上教育的應用所撰寫的研究論文 CH5-12
- 回顧「速成教室」裡有關自然語言處理的影片以更加了解聊天機器人和解析樹（parsing answer tree） CH5-13

當格魯丁在進行聊天機器人計畫，他發現聊天機器人比他原先想像的要困難得多。就像電話應答系統一樣，要讓一個人歷經問答樹（question-and-answer tree）是一回事；然而，要讓機器人具有個性則非常困難。

 教學資源

聊天機器人的應用

儘管虛擬教師距離夢想成真還有很長的一段路要走，但你可以利用現有工具，與學生一起創造聊天機器人。聊天機器人是利用對話做為介面，執行一種或多種自動化任務的應用程式，目前已經以各種方式應用在網際網路和各種裝置上。它們提供的服務如下：

- **資訊檢索**：查找、參考資料和資訊搜尋。例如：「2018 年的 12 年級開設了哪些科目？」和「星期四的火車幾點開？」
- **交易**：查詢資訊與做修正。例如：「把我的帳戶升級到 B 方案」以及「使用我的信用卡在星期一預訂兩張電影票」。
- **諮詢角色**：根據使用者的輸入資料，透過「專家系統」進行制式導引。例如當顧客說：「這雙鞋子合適穿到學校嗎？」以及「我應該在服務方案中增加其他部分嗎？」
- **社交對話**：感受顧客情緒，並在機器人的專業領域內參與開放式對話。例如當顧客說：「你們的產品糟透了，我想退款。」以及「我的經驗很糟糕，我可以和誰談？」時能給予適當回應。

跟學生討論聊天機器人在我們生活中扮演的角色。針對聊天機器人和虛擬助手可能的其他應用進行腦力激盪。探索以下資源，了

解如何打造聊天機器人：

- **如何在十分鐘內打造聊天機器人**：受到2018年一月微軟學習夥伴峰會（Microsoft Learning Partner Summit）上弗萊明（Ray Fleming）主持的Azure與聊天機器人工作坊所啟發，這個部落格帶你了解利用各種工具打造聊天機器人的過程 CH5-14

- **如何不靠程式設計就打造出聊天機器人**：這個Coursera課程使用華生的自然語言處理能力，不需要程式設計知識 CH5-15

- **利用「IBM華生API」打造聊天機器人**：這是由Treehouse與IBM華生合作創立的課程，教你如何利用IBM華生和IBM雲端平台提供的自然語言處理服務來打造聊天機器人 CH5-16

- **「亞馬遜Lex」**：體驗支援「亞馬遜Alexa」的相同演算法和技術 CH5-17

全球教育工作者如何看待AI時代的教師角色

　　你可能會好奇，目前其他學校是否已經運用AI來取代教育工作者，以及在幫助學生為AI時代做好準備上，你的學校跟其他學校相較之下準備度如何？為了實際了解這些疑惑，我準備了一些關於AI的問題，並分別訪問了不同國家的各領域教育工作者，希望知道他們對於AI的想法；畢竟，如果我們要為充滿AI的未來做好準備，「學習問問題」是一個不錯的建

議方法。

　　在決定意見調查對象之前，我做了一個假設：媒體用很多頭條報導AI的國家，一定在AI競賽上超前美國許多，例如日本就是一個例子，因此，我決定第一個訪問的對象，是日本的教育工作者正頭英和。顯而易見，正頭英和所任職的學校已經為AI時代的教與學創造了堅實的基礎，以幫助教師與學生為科技無所不在的未來做好準備。

正頭英和，日本

　　正頭英和是日本立命館小學的ICT教育部長與英語教師。我看過許多媒體報導，日本在AI方面非常先進，我以為美國的學校在AI的應用上一定遠遠落後日本。當我問正頭英和：「現在許多人因為對於AI有不同的想像而開啟了相互的對話，也有人會好奇AI是否會取代人類來教導孩子。你們學校的教師對此有何看法？」

　　正頭英和回答：「事實上，我們也正面臨這個問題。說實話，很多教師其實並沒有想太多。我想日本應該遠遠落後於其他國家許多。」我想，正頭英和或許是太過謙虛了。後來我搜尋到日本政策論壇（Japan Policy Forum）裡一篇文章，文中討論日本將AI領域的研究與開發，成功的應用在日本將棋以及圍棋賽之中，使得人們對於AI的態度朝向正向發展。根據我

對於立命館小學的親身觀察經驗以及跟專家交談的心得，立命館小學正以優雅的方式，幫助學生為未來做好準備。在他們預期的未來裡，師生都會在教室裡執行AI，也會繼續重視人性，同時尋求有效的方法，讓科技成為教師教學的好幫手。

拉果法拉，南非

拉果法拉（Phuti Ragophala）來自南非林波波省的塞榭哥（Seshego），他同時也是瓦爾基教師大使（Varkey Teacher Ambassador）。2018年3月，我在新加坡的全球教育工作者交流會議上，見到了這位普拉馬迪博哥小學（Pula Madibogo Primary School）的前校長。她說她相信每個人天生就有自己獨一無二的智能組合，因而呈現出各自不同的特質。現在我們生活的環境和時代裡，機器學習和AI已經是日常生活的一部分，為了適應我們所處的時代，AI應該成為每個人都必須學習的重要議題。儘管如此，她認為AI不應該取代老師。她補充：

> 我們必須透過閱讀、學習和教學來增強、累積和提高我們的智慧。科技正是用於學習的一種工具，這樣才能適應我們所處的時代。對我來說，AI很有用，要不是它，我不會有今天的成就。處在這個日新月異的時代，習以為常的過

生活顯然已不足夠。是的，在過去這或許是有可能的，但是那些僅靠傳統智慧就能滿足人生需要的日子已經過去了。

南清吳，越南

南清吳（Nam Thanh Ngo）來自越南胡志明市，他曾入圍2018年「全球教師獎」（Global Teacher Prize）前50名，他表示，機器在未來或許能取代講台上的教師，但教師不是只有教知識這麼簡單，更需要運用適合每個學科的洞察力與教學方法。教學不是拋出資訊，然後期待學生記住，它跟複製資料到硬碟不一樣，正因如此，教師永遠不會成為過時的職業。目前為止，還沒有跡象顯示AI有能力教孩童拼字或算數。他預期AI將幫助人們努力工作，但終究無法取代人類。

帕帕，希臘

帕帕（Aggeliki Pappa）來自希臘雅典，她是瓦爾基教師基金會（Varkey Teacher Foundation）的大使，積極為有閱讀障礙的學生發聲。她告訴我：「就跟生命中所有的事情一樣，一件事物會變得有用或陷入危險，全取決於我們如何使用它。現在我們必須做出明智的選擇，為人類共同利益來善用科技，並且尊重所有不同的參數與尺寸。」教師與其恐懼自己的飯碗可能被AI取而代之，不如因擁抱這項技術而獲益，因為這是能

強化自身能力以促進更深度學習的工具。隨著機器學習和自動化接管比較重複性的教學任務,教育工作者就有更多時間能專注在學習的人性面。與AI並肩工作,教師可以改善學生的成績,同時模擬學生在未來工作中會遇到的人機合作類型。

AI的倫理考量

火車上的嬰兒與男孩的乾淨手帕

登場人物：

赫瑞斯（Algernon Herries）：英國某間學校的校長

佩瑟里克（Patherick）、查夫（Chuff）：該校學生

母親：一名抱著生病嬰兒的火車乘客

場景：

校長正在退休慶祝會上發表簡短的閉幕辭。

時間：1940 年代中期，春天

第二幕

第六景

背　　景： 赫瑞斯校長在服務多年後要退休了。在退休晚宴上，人們向他獻上祝賀與禮物。校長以簡短的演說來回應大家的祝福，他提到自己的教育生涯始自1904年，過程中當他看見學生邁向成功，自己總是與有榮焉，不過他表示，學生的成功並不是他的功勞。他相信，如果有同樣的教材，這些學生在任何教育機構都會達到同樣的成功。演講結束前，校長說了一個故事，定義了他心目中的「成功」。

啟幕時： 校長說：「……最後讓我講一件陳年往事。這是我今天早上在翻動我這個老男孩的記憶，試圖為這段冗長的告別演說尋找靈感時突然想起來的一件事……

這是一件看起來微不足道的小事，但當時一定讓我印象深刻，要不然怎麼會在我的腦海裡停留了將近20年！這個故事跟兩個男孩有關，他們是佩瑟里克和查夫。那時我們為了準備該年度的聖誕慈善表演，一起搭火車到巴康（Barcombe）。火車上非常擁擠，幸好我們在某個車廂中找到座位。火車開動沒幾分鐘，我們就聽見有個嬰兒嚎啕大哭，車廂裡有一名年輕婦人正在照顧著他，這個嬰兒好像生了很嚴重的病……

我還記得佩瑟里克當時的表情，他甚至躲到我拿著的那份上下顛倒的《泰晤士報》後面。佩瑟里克是我們班成績最優異的學生，後來成為著名保險公司的總裁，甚至獲頒大英帝國官佐勳章（O.B.E），以及許多能為菁英保險經紀人錦上添花的頭銜。不過長大後的我不太常想起佩瑟里克，卻時常想起查夫。查夫的運氣總是不太好，成長過程中時常碰到不愉快的事。不過讓我們回到火車上的故事，當時的我對於嬰兒嚎啕大哭手足無措，但查夫卻與我不同。他迅速拿出一條手帕（那是我看過他有史以來一條最乾淨的手帕）走到那對母子前面，他傾身向前、輕輕擦拭著嬰兒的臉龐，然後又擦拭那位母親膝蓋上的汗漬。我所說的「擦拭」是真的擦拭，而不只是輕輕碰一

下而已。或許那更像是一種具同理心的體貼與溫柔。在那之後，整個車廂的乘客經歷了一趟還算平靜的旅程，直到我們抵達目的地。

此刻，坐在台下的你們之中有些人可能會想，今晚有這麼多孩子在台上表演，為我送上如此美好的惜別禮物，相較之下，我剛剛說的小故事就像煙火表演後那些受了潮而沒能點燃的爆竹，枯燥而乏味。但我認為並非如此。我分享的故事跟今天的晚會非常相關，至少對於我這個教了這麼多年書的人而言是如此。

我的朋友查夫，這個笨頭笨腦、從未在人生中贏過任何獎項或競賽，也沒能去做他可能唯一有能力做的事情，像是養家餬口。他死於第一次伊珀戰役（First Ypres），直到今天，他在火車上的所作所為仍深深烙印在我的腦海，我對他的記憶也遠比對佩瑟里克還要清楚。事實上，當我今天早上突然間想起他的名字時，我仍然認為，他是我所認識的朋友當中，擁有最傑出成就的人。」

第六景 完

AI時代的教育：教出可貴的人性

上面這個故事出自一本歷史小說《為他們貢獻我的一生》（*To Serve Them All My Days*），內容以一位退休校長為主角，講述他從1918年到1940年代中期服務於英國一所私立男子學校的故事。這位校長告訴大家，經過20年後仍烙印在他心中的故事，是一名男孩面對他人的困難不僅沒有視而不見，反而發揮他的關懷與愛，用他唯一一條乾淨的手帕幫忙一對素未謀面的母子。

想像一下：當有人發自內心的關懷出手相助時，那位萬分焦急的母親會有什麼感受。這名男孩查夫之所以被校長視為具有「傑出成就」，並不是因為他贏得某個獎項或榮譽，而是因為他做了一件彰顯人性關懷的事，即使看起來似乎微不足道。今日，我們的孩子可以透過正規教育獲取知識，但是上面這個故事提醒我們，正規教育不應該只有傳遞知識，也應該教導孩子成為一個具有人性的人，運用自己的力量讓這個世界變得更美好。特別是未來當孩子與AI這類強大技術進行互動時，這一點更是至關重要。

當學生完成正規教育，我們希望他們能為世界做些什麼？

科技會擴大我們身為人類的特質。但如同我們從電腦的簡短歷史中所學到的，保護性法律遠遠落後於技術創新。如果我

們讓AI繼續快速發展，卻沒有進行倫理上的討論或是制訂出可執行的政策，學習的新疆界很快會變成捲土重來的大西部。要解決這個問題，可以從教育工作者開始做起，我們可以透過有關數位公民、倫理學與哲學的討論，幫助年輕人一同思考該如何制定與AI相關的規範。請學生制訂班規與實施方法或許是不錯的第一步。觀賞這些影片，看看學生制訂政策的範例 CH6-01 。

接下來，我們將一同探索AI時代必須審慎思考的幾個倫理議題，其中包括：人類的自主權與控制權、隱私權、網路霸凌和網路攻擊等。教育工作者有必要邀請學生一同參與這些討論，因為此刻我們的所作所為，都將對他們的未來造成影響。

逐漸失去的控制權

想像一下，你正跟本章開頭提到的校長和他的同學一起搭火車。不幸的是，剎車突然失靈了，眼看這列不斷往前疾駛的失速列車就要發生難以想像的災難。這時，只要你伸手就能拉下車桿，將火車導向另一條鐵軌，你會做出行動以拯救火車上所有人嗎？

現在再想像一下，在另一條鐵軌上有一名工人，如果火車

突然轉向，他會來不及離開而被火車撞上。你又會怎麼做？你會犧牲這名工人以拯救母親與嬰兒、校長、佩瑟里克和查夫嗎？「電車難題」是英國道德哲學家芙特（Philippa Foot）於1978年發展出一套經典的倫理學思想實驗。

納爾森（Eleanor Nelsen）在TED-Ed上發表有關倫理學的演講時，也提出類似的問題：你會犧牲一個人來拯救五個人的性命嗎？在討論這個兩難困境以及它跟AI有何關係之前，你可以與班上學生一起觀賞這段影片： CH6-02 。

隨著AI持續的演變與發展，我們的社會勢必要面對科技時代帶來自主權及控制權這項倫理議題。舉例來說，今日自動駕駛車已經行駛在街道上，具有比人類駕駛更安全也更乾淨的特點，但是仍然無法完全杜絕意外的風險。如果自動駕駛車發生無法避免的意外，我們應該在程式設計上讓車子採取什麼動作？有關自動駕駛車可能引發的倫理困境，請看這段TED-Ed演講 CH6-03 。

人們設計程式的方式，決定了機器會展現出什麼行為。今日的年輕人未來將會在各項重要議題上做出關鍵決策，決定用來複製人類智慧的AI機器，在碰到各種危機狀況時該如何有效運作。

隨著AI的演進而變得愈來愈強大，運用AI進行資料處理與決策的機器反應方式，將仰賴人類運用其智慧與先見之明，

才能讓這項由我們創造出來的高科技技術發揮更完善的功能。

消失在新科技中的隱私權

為了創造真正的AI，我們正在研發需要大量資料才能運算的認知系統。但是所有這些資料是從哪裡來的？首先，企業人士會透過「Siri」、「Cortana」、「Alexa」、「Google」、「Home」、臉書和其他消費性科技，一直從我們身上擷取大量個人資訊。最終，從強化安全到更能診斷出疾病，這些資料的使用能以很多方式造福社會。但是相對而言，我們願意放棄多少個人隱私做為交換？

網路隱私

網路隱私牽涉到在網路上存取、蒐集和分享個人可識別資訊（personally identifiable information）。這牽涉到我們的瀏覽習慣和歷史，以及我們分享給網站和應用程式的個人資訊。現在的國中、小學生是「Z世代」，按照定義是指在1996年至2010年之間出生的人，他們會是第一批從童年開始就在生活中大量使用智慧型手機的人。想想看他們在忙著上網時，會分享出多少關於自己的個人資訊。

臉部與語音辨識

在中國，警察利用臉部辨識AI來辨識路上行人，只要有人違規，立刻以簡訊開單處罰。他們也在教室裡使用臉部辨識，每30秒掃描一次學生，評估他們對接收教學內容的反應。這自然會引發一些爭議，例如我們的個人資料如果落入不肖的壞人手裡會發生什麼事；與個人身分有關的資料要保留多久；以及它是否會影響未來雇主在雇人時看到的內容？

除了視覺資料，研究人員也擷取了超過1,700名嬰兒的音訊，以尋找他們哭聲中的模式。這項研究的積極面是，可運用正提早發現自閉症兒童並進行早期介入 CH6-04 ，以及協助家長分辨寶寶的哭聲（是否因疾病而哭泣）。機器現在可以辨別哭泣頻率模式以及聲音安靜比（sound-to-silence ratio）的變化，讓他們能以90%的準確率標示出痛苦的哭聲。

網路霸凌

雖然霸凌行為已經存在社會教育系統裡好幾個世紀，科技卻為它的表現形式提供了新的媒介。科頓（Debby R E Cotton）和葛瑞斯（Karen Gresty）提出警告，「科技不會自動導致學習的強化」，以及網路霸凌是科技力有未逮之處 CH6-05 。事實證明，網路霸凌會對個人在社交、情緒和學業方面造成重大傷害，它對學生的影響也不符合過去兩世紀以來人們對「公民教

育」的呼籲。

　　科技會加速、擴增和放大我們的做事方式。一些網路霸凌的例子已經傳播開來，證明了科技在數位空間放大攻擊性聲音的毀滅性力量。一名15歲加拿大學生利用學校攝影機記錄自己私底下演出《星際大戰》（*Star Wars*）的某個場景，同校的學生取得影片之後跟其他人分享，而且不只是分享給其他同學，也將影片放到網路上，結果它成為眾人瘋傳的迷因（meme）。之後，這位人稱「星戰小子」（Star Wars Kid）的學生在網路和現實世界都接收到一連串的仇恨性評論，後來他離開了學校，並對四名同學的家人提起訴訟。

 教學資源

了解網路霸凌下的受害者

1. 星戰小子

　　了解星戰小子以及他的現況：

- 聽聽十年後，星戰小子怎麼說　CH6-06
- 星戰小子提出訴訟　CH6-07

2. 教師與網路霸凌

　　我們很容易就假設網路霸凌都是針對學生，但成年教育工作者也常成為被霸凌的目標，而且案例有增加的趨勢，雖然研究和媒體都不太報導這個現象。

- 閱讀有關土耳其的教育工作者遭到霸凌的研究　CH6-08

3. 了解針對教師霸凌行為的增加趨勢

- 學校日益嚴重的問題：在網路上對教師進行霸凌　CH6-09
- 重視對教師霸凌的現象　CH6-10

網路攻擊

　　資訊很珍貴，儲存在科技產品裡的大量資料讓我們很容易受到網路攻擊。從惡意軟體、網路釣魚到駭客侵入，這些攻擊有各種形式，可能造成銀行帳號、個人醫療紀錄等資訊遭竊。伯格曼（Doug Bergman）是南卡羅來納州查爾斯頓的波特－高德學校（Porter-Gaud School）電腦與資訊科學系主任，他就AI如何協助強化網路安全提出了他的觀點：

　　製造惡意軟體和病毒的人把程式碼放進不設防電腦裡的方法之一，就是把惡意程式碼「隱藏」在正常網路流量中。壞人會加密他們的程式碼，使其看起來像正常的網路流量。一旦通過了過濾器、防火牆和防惡意軟體程式，這些程式碼就會取消加密，傳送不受歡迎的內容。每天有幾兆的網路封包經過網際網路，要跟上其實很難。

　　我目前正在攻讀喬治亞理工學院的線上計算機科學理

科碩士（Online Master of Science in Computer Science，簡稱 OMSCS）課程。在其中一堂網路安全課，我們被教導要像壞人一樣思考，這樣我們才能在同樣的競爭環境中「對抗」他們。

人們已經使用機器學習和AI來協助區分已知的惡意網路流量和正常的良性流量。把已知的非惡意流量提供給AI軟體，它就能判定和辨識模式，協助區分惡意流量。這可用於預測，換句話說，它可以觀察新的未知流量資料，然後非常準確地預測流量是否有潛在危險。它的準確度取決於它看到多少「訓練」資料。這是AI能協助我們讓網際網路更安全的例子。

用法律與法制系統回應加劇的網路霸凌現象

即使孩童已經成為技術型犯罪者的目標，我們的法律卻依然落後於推陳出新的各種犯罪手法。AI更可能成為網路霸凌的強力工具，像是利用機器人程式去蒐集和散布有關霸凌目標的假資訊、利用垃圾郵件機器人寄送大量無用資訊，乃至於製造和散布由受害者講述或做出令人尷尬事情的假影片。透過程式設定，機器人甚至可以在網路上「尾隨」目標，散播有關他

們的錯誤與負面資訊。受害者幾乎無法控制犯罪者針對他們的所作所為，導致他們完全失去對個人隱私的控制權。

梅津（Laura Umetsu）是華盛頓大學的講師，也是專研於刑法、家庭暴力法、親屬法和身心障礙法的律師，她向我表示，在變動快速的就業市場上，AI未來也可能與個人的求職生涯有關，像是雇主會愈來愈常使用AI徹底認識求職者，或甚至是運用AI來獲取求職者是否有負面評價的數位證據。如果一家公司的機器人程式剛好碰到惡意機器人程式所散布有關網路霸凌受害者的錯誤資訊，這對受害者的求職將造成永久性的傷害，影響可能會持續了好幾十年。AI機器人程式可以永遠儲存負面且錯誤的資料，受害者可能永遠都很難完全消除機器人程式所發布的惡意資訊。

錯誤資訊散播得愈多，被騷擾的一方想消除它就愈困難。受害者要對抗惡意機器人程式帶來的負面效應，最後可能只剩少數或無效的選項。刪除網路個人檔案，可能影響多年來自我品牌行銷（self-branding）的努力。受害者可以雇用公關公司創造散播正面資訊的機器人程式，但網路霸凌者可以設定惡意機器人程式透過正向公關頻道以更多負面的資訊進行反擊。

AI也可能會被用來讓學校中的霸凌行為引發更劇烈的效應，對被霸凌者造成更具毀滅性的影響。一旦如此，當學校管理者、教育工作者和立法者不能儘速針對這些失控的狀況做出

有效的因應方式，只會讓網際網路變得愈來愈像是需要馴服的蠻荒邊境。

即使機器人程式在一開始所受的訓練並不帶惡意，它也可能在網路上向帶有惡意的人學習。微軟設計的AI聊天機器人Tay，其學習方式是在推特上跟18到24歲的人對話，沒多久就開始發出不適當的評論，因為它「被教導」要像納粹支持者、種族主義者和種族屠殺支持者等人士一樣，用不當的文字發文。

這引發了一個有趣的觀點。在一篇對法蘭克（Joseph Frank）所著杜斯妥也夫斯基傳記最後一卷的評論中就提到：

> 杜斯妥也夫斯基總是不厭其煩的指出，你可以知道一個人的一切，但還是無法預測他下一步要做什麼，而且即使情況可以重複，同一個人在同樣的環境下也可能做出其他的事情。人類的行為沒有什麼必然性。

如果人類行為沒有什麼必然性，那麼我們創造的AI也不會有什麼必然性。當我們創造複製人類智慧的機器，我們必須意識到，它們的行為可能變得不可預測，就跟人類行為一樣。更有甚者，如果設計這些機器的人類在道德和倫理行為上沒有謹守立場，這種風氣會轉移到機器上，然後在現實世界中放

大。這就是為何訓練年輕人的社會學習、情緒學習、哲學和倫理學會如此重要的原因之一。在研發 AI 教學方法時，我們應該考慮無意間滲入的偏見有多麼容易就能滲透進訓練資料。

美國人喜歡自由行使他們的言論自由權，即使有時會傷害社會上的其他人，就如同我們看到網路霸凌的情形一樣。這可能會創造非常令人不安的社群媒體風氣。但這個問題並不僅是在美國，當思想在全世界交流，AI 有能力把一些資訊提到搜尋結果的頂端，同時壓制其他資訊。沒有警覺心，甚至刻意搜尋反例，使用者可能會輕易上了假資訊的當，因為它比真相更引人注意。「速成教室」的媒體識讀系列裡面有對「媒體（更）黑暗面」的重要討論 CH6-11 。以下是一些構成要素的概述：

- **宣傳：**這是指「用來提倡特定觀點，藉此改變行為，或刺激行動的資訊。有時這些資訊是事實和概念，有時是意見，或者故意誤導或帶有偏見。」宣傳在本質上並不惡劣，但當宣傳者是惡意行動者，他們會利用宣傳操縱大眾，讓他們從事或相信他們本來可能不會做或相信的事。

- **假資訊：**人們可能會使用錯誤或誤導人的資訊，刻意讓預期的受眾感到混淆或分心。假資訊就像投下一顆煙幕彈，混淆某項議題的事實，分散大眾的注意力。隨著網路的無遠弗

屆，以及創造數位媒體的廣泛力量，世界各地的人可以組織發起協同的假資訊活動。

● **錯誤資訊：**在過去，非故意的不正確資訊可能是媒體報導時的意外或無心之過所造成的結果。然而新的網路媒體環境改變了這些錯誤的製造方式，以及它們影響人們的方式。錯誤的資訊可能導致錯誤的決定，並帶來嚴重的後果。

宣傳和假資訊這類戰術不是只有政客會使用。學生也可能用它們來對付其他學生，學生和家長也可能利用它們來對付學校教職員。我曾跟南非、台灣、澳洲和日本的學校領導者對談，發現在世界各地不同角落都有類似的經驗。雖然媒體並不太常報導以教師為對象的霸凌行為，不過目前已經有教育研究正在進行探討。

網路霸凌的對象不是只有教室裡的學生，請看發生在本書作者身上的真實故事 CH6-12 。

教學資源

與學生一起討論網路霸凌

- 觀賞電影《心靈導師》（*That's What I Am*），看看在幾十年前，科技如何放大學生和家長的霸凌行為 CH6-13
- 當凡事為孩子代勞的「割草機父母」（lawnmower parents）使用科技，其結果對教育工作者和學校領導階層來說可能極具毀滅性 CH6-14
- 家長的霸凌行為已經普遍到可以分成三大類。這意味著，這些行為變得普遍存在，亟需教育工作者和領導階層的關注。這篇《達拉斯晨報》（*Dallas Morning News*）的文章描述了家長霸凌的三種類型：正義十字軍、權勢威嚇者和惡毒八卦者 CH6-15

　　當學校沒有認知到這種社會動態的本質，這些霸凌行為就會一直存在，甚至可能嚴重破壞教育過程。對教師的霸凌會往下滲透，影響到學生的行為，這些學生可能跟攻擊的家長一點關係也沒有，而科技會使這個問題更加嚴重。身為教育工作者，建立確實的數位足跡能夠讓你擁有一份公開的紀錄，當有人做出錯誤指控時，你就可以提出這份紀錄。這份確實的數位足跡可以當做反駁假資訊的論點，必要的話，甚至能獲准進入法庭成為證據。對於那些猶豫要不要出版自己的作品，或是建

立教育工作者個人品牌的教師而言，撇開別的不說，這應該能構成讓你開始動手的強力理由。

 教學資源

網路霸凌資源

- 了解學生可以用來舉報霸凌的學校表格範例 CH6-16
- 探索防止網路霸凌的資源 CH6-17
- 利用常識媒體（Common Sense Media）的課程來教導「數位公民」 CH6-18

處理教室裡的網路霸凌

跟你的學生一起再次拜訪西北太平洋樹章魚的網站 CH6-19 。一旦他們認為自己不會再次受騙，等一個月後，向他們介紹有關一氧化二氫的網站 CH6-20 。與學生一起討論：

- 你目睹了哪些網路霸凌的例子？
- 你做了什麼？你向誰舉報？
- 你認為無須確認就能相信的媒體例子有哪些？
- 西北太平洋樹章魚和一氧化二氫的網站都是騙局；它們相似的地方還有哪些？它們不一樣的地方又在哪裡？一氧化二氫的網站如何使用扭曲的資訊，導致人們相信不一樣的東西？
- 為什麼網路霸凌在充滿AI的未來會是令人擔心的問題？那麼網路攻擊又會引發什麼問題呢？

研發機器人需注意的法理原則

巴塞里奇（Danijel Bacelic）來自克羅埃西亞的札格勒布，先前擔任微軟教育產業主管的他認為，重點是我們要開始思考、也要讓學生思考AI和電腦應該做什麼，而不是自己能做什麼。根據他擔任三星（Samsung）高階主管和惠普（Hewlett Packard）總經理的經驗，他說教育工作者應該把焦點放在兩個重要層面：一、法律與規定，以及二、教育工作者現在能做什麼，來培養AI使用者和未來研發人員的道德行為。

一旦我們有這樣的認知，就應該針對研發、測試和部署AI備妥一些原則和倫理規範。在教育空間裡，我們應該修改這些原則和規範，以用於教室和其他地方。巴塞里奇建議可以考慮「機器人三大法則」（Three Laws of Robotics），又稱為「艾西莫夫法則」（Asimov's Laws）。三大法則是在1942年由科幻作家艾西莫夫（Isaac Asimov）所創，出自小說《機器人手冊，第56版，公元2058年》（*Handbook of Robotics, 56th Edition, 2058 A.D.*），它們是：

1. 機器人不得傷害人類，或坐視人類受到傷害。
2. 除非違背第一法則，機器人必須服從人類的命令。
3. 在不違反第一法則與第二法則的前提下，機器人必須保護自己。

艾西莫夫後來又在這三大法則之後加了第四法則：

4. 機器人不得傷害整體人類，或坐視整體人類受到傷害。

雖然出現在科幻小說裡，三大法則影響了人們思考AI相關倫理學的方式。

 思考 AI

- 在為充滿AI的未來做規劃時，為什麼「機器人三大法則」可能有幫助？
- 回想有關「機器人」字詞意義的TED-Ed影片 CH6-21 。三大法則如何幫助人們思考要如何跟複製人類智慧的機器互動？
- 如果不遵守這些法則，可能會有什麼後果？
- 巴塞里奇也建議，要考量人類與AI之間可能發展出來的情緒連結（emotional bond），以及這些情緒連結可能會如何影響孩童。跟機器形成的連結會如何影響整體人類的情緒與身體發展？
- 這個跟社會文化學習的對話有何關係，跟人類之間、機器人之間，以及人與機器人之間的互動有何關係？

AI變成惡棍的故事

我曾在教室裡進行了四年的遊戲研究，使用的遊戲是《傳送門2》（Portal 2）。我的國中部和高中部學生一開始是以參

與者身分加入研究，後來也成為研究者，負責研究的建構、設計與實驗，研究重點在於新的學習方式。費南德茲是我以前的學生，目前透過「奔跑起步」（Running Start）計畫提早進入大學就讀；我最近問她是否能就倫理學和AI表現方式分享她的觀點。她曾跟我一起在好幾個研討會上發表演說，其中包括西南偏南教育展 CH6-22 、ISTE研討會，以及紐約科學院 CH6-23 。費南德茲討論了《傳送門2》這款遊戲中的反派角色GLaDOS：

> 《傳送門》和《傳送門2》是維爾福公司（Valve Corporation）推出的解謎平台（puzzle-platform）系列電玩遊戲。在這個遊戲的世界裡，你要扮演雪兒（Chell）的角色，她是試驗對象，被迫在科研公司光圈科技（Aperture Science）的設施裡解謎。
>
> 在這兩款遊戲中，很多玩家的試驗旅程是由GLaDOS口述，其幕後故事就跟她的個性一樣獨特且具代表性。GLaDOS是在光圈科技創辦人強森（Cave Johnson）設計的實驗中被塑造出來的。強森以擁有不受控制與突破窠臼的個性而聞名，他想到一種欺騙死神的方法，那就是把他的人格和意識「倒進」電腦裡。然而，在工程師想出實際的辦法之前，他的健康開始惡化，領導權也轉移給他的助

理卡洛琳（Caroline）。當「基因生命體和磁碟作業系統」
（Genetic Lifeform and Disk Operating System）的研發完成，卡
洛琳被選中（或者更像是被強迫）成為那位把人格和意識
倒進電腦裡的人。之後她就變成了GLaDOS，控制光圈科
技龐大研究設施裡每項功能的AI。

當GLaDOS啟動，顯而易見工程師犯了大錯，因為她讓
整個設施充滿了致命的神經毒素，幾乎殺死裡面的每個
人。看起來就像是尋求報復的卡洛琳，GLaDOS不但狠
毒，而且殘酷成性。光圈科技的工程師製作了「人格核心」
（personality cores），目的是要裝到GLaDOS上以抑制她的敵
意。原始設定（hardwired）就是要測試她的對象，GLaDOS
在遊戲的多數時間裡帶領雪兒通過考驗房間，並且對她的
長相和個性發出枯燥無味、諷刺挖苦的評論。

AI變成惡棍的故事（類似於GLaDOS的故事），已經成
為科幻娛樂作品裡的原型。關於在真實世界發展AI，這些樣
板引發的擔心並非完全不切實際。很多人擔心機器人接管世
界，尤其現在幾個主流媒體的頭條都宣稱機器人會搶走我們
的工作。其他人則害怕具有思考與感覺人格的「有意識AI」
（sentient AI）會出現，並制服人類。然而，即使我們能夠創造
超級智慧（superintelligence），我們也沒有理由認為它會立刻

想要稱霸世界，除非有人透過程式設計要它這樣做。目前，AI只會按照程式設計師和工程師設定的方式進行思考。

變化莫測的就業市場

只要在網路上搜尋一下，你就能發現暗示著AI將引起就業市場重大變化的多篇文章。影片《人類派不上用場》 CH6-24 把就業市場即將到來的變化比喻成工業革命時期的農業變化，當時馬伕的工作機會就消失了。你可以觀賞影片「經濟制度和勞動市場：社會學速成教室」，學習有關就業市場的相關資訊 CH6-25 。

然而，顯然有些事情在我們這輩子，甚至是下一個世紀，都是機器無法取代的。格魯丁從1970年代開始就在研究AI，親眼目睹「AI寒冬」的來臨與消失。以下是他對這個主題想要說的話：

> 我很確信科技（包括AI）會持續增加工作的種類和數量。但這些新的工作會很不一樣，多數情況下需要完全不同的技能，這種轉換對很多人來說可能會很突然、困難，甚至像是災難。農業讓狩獵採集的人失去工作，但也創造了新

職業的爆發，我們稱之為文明。在工業革命之前有四分之三的美國人從事農業；現在只有不到2%的人務農，但在人口增加的同時，我們也創造了幾億個新工作。科技讓成千上萬的電話接線員、旅行社職員、底片沖洗人員、煤礦工人和祕書失去工作，但現在失業率是低的，而且還有很多空缺的職位。如果所有工作都自動化，就不太有培育人員的必要性。但每個月我都會發現一些在科技進步之前並不存在的新工作，而且通常是跟科技沒有直接相關的領域。我們的挑戰是要讓學生準備好去填補這些職缺，同時創造其他新的工作。

雖然未來的工作和職涯路徑可能會改變，我們在這裡的討論一直都聚焦在利用科技強化我們身為人的本質，同時幫助人們發展同理心以及讓世界變得更美好的欲望。我們也指出了身為人類的一些獨特特質，其中包括易變性、彈性、在看似不相干的想法之間建立連結、展現情緒、感受到啟發、富有同理心，以及把知識從某個領域轉移到另一個領域。然而，並不是所有人類都會使用或練習他們所有的能力。身為教育工作者，我們的工作是先為自己做這些事情，然後成為學生的模範，讓他們知道即使遭遇失敗和挫折，我們仍願意學習和成長。

在未來，讓學生接觸哲學、政治和經濟觀點很重要。它能

幫助我們藉由過去的經驗找出以前做錯的地方，以及如何在未來採取不同的做法。在《小王子》的故事裡，主角觀察了鐵路扳道工的動作、選擇和行為。扳道工告訴小王子，成年人總是會到處跑，但不確定他們在找什麼。小王子得出結論：「只有孩童知道自己在找什麼。他們把時間浪費在布娃娃上面，對他們來說，這件事變得非常重要；如果有人把它拿走，他們就會哭……」

身為教育工作者，我們很容易困在一種不斷循環的迴圈裡，不斷在備課、教學、評量的每日工作中忙碌，好讓每個流程都導向可預測的結果與目標。然而，當我們尋找各種方式將人類智慧傳遞給下一代的同時，我們很容易忽略一件更重要的事：我們忘記了人類大腦的複雜度有多麼令人驚奇，或是忘了將我們身為人類最美好的部分更發揚光大，這樣當我們跟機器互動，我們就可以成為更好的自己。

當我們不斷奔馳在通往AI時代的道路上，我們將面臨一個選擇：我們可以承認與未來世界互動的挑戰度與複雜性，然後用開放的態度進行學習，或者是在評估運用AI於教學中所需花費的時間、精力和現實狀況，然後判定：執行困難度實在太高了！因而決定放棄。

還記得本章開頭的故事嗎？在冬日一列擁擠的火車上，一位母親帶著身體不適的嬰兒，這個故事跟討論「AI的倫理考

量」這一章節到底有何關係？我想說的是，面對 AI 時代，我們當然可以像佩瑟里克一樣躲在《泰晤士報》後面，但我們也可以選擇像查夫一樣，面對身邊的突發狀況、觀察到人們迫切的真實需求，採取一種積極投入的態度與行為。可以想見的，通常躲起來一定比採取行動要來得容易一些，尤其是這項行動不保證會得到大眾認可的時候。然而到了最後，往往會被人深刻記憶的，往往是那些懷抱著勇氣做出行動的人，就像查夫在那位校長心目中的地位。

對於那位母親與嬰兒來說，查夫只是一個過客。查夫並不是基於任何好處而做出行動，事實上他也從未因為幫助他人而受到任何讚揚。但是當他看著那位母親和嬰兒，他心中油然而生一種對他人發自內心的關懷與愛，促使他決定挺身而出；即使查夫還是個學生，從未擁有自己的家庭與孩子，他仍然能夠試著想像那位焦急的母親的感受，小心翼翼的安撫嚎啕大哭的寶寶。他展現了身為一個人的珍貴特質，像是正直、謙卑、關懷，正是這些珍貴的特質，讓我們成為能讓世界變得更美好的世界公民。我相信，面對未來 AI 無所不在的世界裡，這仍是我們必須珍視的特質。

正視現況，做出行動

有些人畢生致力於解決跟AI有關的挑戰。他們看過當處在AI成長期，人們滿懷期待與興奮之情，也曾看過「AI寒冬」時研發進度變得緩慢。這種成長與發展的高峰期與低潮期，彷彿就像我們自身生命經歷過的高峰經驗與低落沮喪，是一種自然而然的發展歷程。不論如何，我們可以做的就是始終呵護著促使生命持續成長的珍貴種子，將「AI寒冬」化為高峰前的養分。

面對AI時代，我們將選擇什麼樣的行動？我們會參與這場AI運動，同時致力於擴大人性中最美好的一面嗎？回想第一章裡，5歲的小熊和6歲的萊拉在遇到機器人時所流露出來的驚奇與興奮。想想他們熱切的接近機器人，渴望跟它互動時所自然流露出的積極探究與天真樂觀。如果機器人出現反應的話，他們又會怎麼因應？機器人的行為將會如何形塑他們對AI的看法，以及他們處理未來互動的方式？

當我們朝技術目標猛力衝刺時，很容易就會把AI相關的倫理考量排除在外，但這些考慮卻會深刻的影響個人生活乃至於整個社會。身為教育工作者的我們，當致力於協助孩子完成正規教育所期待達成的具體目標時，也必須思考AI時代下的教育目標，以及我們究竟希望為未來世代建立什麼樣的社會。

回想葛洛茲的評論：「我們已經知道如何複製人類智慧：我們有嬰兒。所以，讓我們尋找能強化人類智慧的東西，能彰顯人類智慧最珍貴的東西！」

本書從第一幕第一景將場景設定在春天、一對懷抱著好奇心的兩個孩子開始，到最後一章的第二幕第六景，由一位校長回想起某個冬天、一則令人難忘的故事所展現的人生經驗與智慧，本書試圖以宏觀的故事進行推展，談論跨越古今、地理位置而呈現的珍貴人性，從中我們看到了讓人類顯得獨特的互動、目標和故事，它們就像絲線一般緊密交織在一張精心編織的掛毯之中。

任何人類的創造都可能應用在正途或是歧途，就像科技可以用來改造世界或是造成毀滅一樣。我認為身為教育工作者最棒的事，就是能夠與一代又一代的孩子進行深刻連結。讓我們把握每個成為孩子模範的機會，讓孩子知道，你願意接受挑戰、處理問題，即使那些挑戰可能會讓自己看起來混亂或不完美，但唯有勇敢的迎接挑戰，才有機會為自己與他人創造出更正向的影響。就如同為本書貢獻卓見的人已經為我們產生了影響。他們的談話內容為本書的 AI 故事與知識（無論是過去或未來）增添了豐富度。在 AI 成長的季節，隨著我們增強自己最美好部分的潛力不斷增長。這本書的重點是人性。

結論

我們的忠告：求真務實

　　如果機器也可以在考試中拿個好成績，或是在「危險境地」遊戲中成功擊敗對手，那麼我們能教給學生什麼，讓他們比機器更強？關鍵在於「求真務實」（Esse Quam Videri），培養學生成為一個真正的人。讓我們的下一代能夠：存在，而不只是出現；自由，而不只是看起來自由；堅強，而不只是看起來堅強；忠誠，而不只是看起來忠誠；被愛，而不只是看起來被愛；以及，當個人類，而不是看起來像人類。

　　透過這本書，我們一同了解關於AI的各種新詞彙、了解各種分歧的觀念，以及思考看似不相干的概念如何相互關聯。人類在找出事物間有意義的連結的能力，遠超過機器在模式配對上的能力。人類的大腦具備理解事物、深入洞察的強大能力，能夠從中擷取出意義，然後應用在解決其他情境的問題上。這正是人類所具有獨一無二的創造能力，能夠建構出我們所期待的世界。

　　許多評論家盛讚喬伊斯（James Joyce）的《尤利西斯》和聖修伯里（Antoine de Saint Exuprey）的《小王子》是非常棒的書，但你如果只是泛泛略讀過去，可能會感到困惑、不解，

甚至覺得那不過是本可有可無的書。你需要足夠的背景脈絡和知識基礎，才能真正領略這些故事之美。要讀懂情節背後的深層意涵，你必須對社會文化的規範、政治的運作、人類的處境、內心的掙扎、愛與失去、承擔責任的真諦有足夠認識，並具備同理別人的能力。

　　布魯姆的教育目標分類證明，我們有必須要先擁有基本知識與技能，才可能釋放認知的負擔，進而能夠專注於高階的分析與創造活動。當我們開始利用 AI 和機器學習來輔助人類已經擁有的能力，就能讓人機互動成為一股強大的力量。莎士比亞的《凱薩大帝》是一部歷史劇，就跟多數莎士比亞的作品一樣，這個故事提到人類在面對政治、權力、混亂、欺騙、詆毀時的掙扎，以及受謠言影響而搖擺不定、沒有深入查明事實，或是支持一項缺乏證據的主張時會有多麼危險。如今，這個故事提醒我們，當學生努力要處理 AI 時代的倫理，以及我們要如何定義人類、動物和機器的智慧等議題時，他們比以往更需要我們的幫助，好為這些複雜的難題做好準備。例如在訓練機器時，我們該如何提供更符合倫理的訓練資料？是否需要加強團隊成員的多樣性，以免不小心讓機器複製了我們的偏見？

　　身為教育工作者，當我們想要幫助學生迎向充滿 AI 的新世界，我們的責任不只是要教資訊科學、統計學、數學和設計思考，也必須把社會文化、哲學和倫理學拉進教學之中。當我

們開始思考年輕人在正規教育結束時應該具備哪些能力，我們必須先問自己：「我們希望未來的社會變成什麼樣子？」然後更進一步的問：「我們希望未來的人類會變成什麼樣子？」

動畫《瓦力》是一個警世故事，告訴我們當人類把自己不想做的工作都丟給機器人，可能會造成什麼樣的變化。故事中，當人類選擇把環境相關任務交給機器人接手時，人類變成愈來愈像機器人；在此同時，機器人卻發展出人類的特性，為了保護一棵代表新生命的植物，展現出無私與無條件的愛。

對此，世界各地都有學校在持續努力，教導孩子為自己的環境和彼此負起責任，讓他們為充滿AI的未來做好準備、成為一個有世界觀的人，並保存與傳承社會所共同珍視的文化傳統。他們在學習新科技的同時，沒有拋棄自己的舊傳統。他們選擇擁抱自己的文化遺產，用傳統價值來輔助科技的學習，讓學生成為兼具嶄新技術與傳統倫理的個體。

試誤的必要

人類與機器都能從錯誤中學習，但唯有人類能從錯誤中汲取智慧。身為教育工作者，我們確實不完美，但缺陷能驅使我們變得更好，過去因受傷所留下的一道道疤痕，將指引我們做

出對的選擇。

我們需要展現勇氣、成為學生的模範，鼓舞他們接納自己在STEM、STEAM、設計思考和專題導向學習作品中的錯誤，讓他們勇敢反思自己的失敗、重新釐清問題，並帶著各自找到的解決方案，繼續大步向前邁進。

有朝一日，他們的行動也將成為其他人借鏡的榜樣。點點滴滴，將逐漸積累成一個具備持續創新能力的社會文化。

 教學資源

從失敗中學習

看看這個例子，了解教育工作者如何藉由反思自己的學習成為學生在韌性方面的模範 結論-01

我總告訴我的學生：「失敗沒有關係，但是你不能對於失敗置之不理。」當學生在經歷失敗的磨鍊後，能找出問題所在，進而導引他們走向不同的道路，那麼這個失敗就是有意義的；但如果學生將失敗當成拒絕繼續嘗試的藉口，那麼失敗經驗就會變得徒勞無功。

相信你也一定遇過這樣的情況：總有些學生喜歡表現得彷彿什麼都無所謂，因為那樣看起來似乎很酷，而且還可能獲

得其他同學的歡呼。孩子們其實知道「嘗試後失敗的人」以及「沒有嘗試的人」之間的差別。他們等著看你如何處理。這時，我們可以把這種情況轉化成一個契機，讓身為教師的你有機會跟學生們討論：如何支持某人成為最好的自己。如果因他們拒絕努力而歡呼，鼓勵他們現有的行為模式，那麼能夠讓他們變得更好嗎？或者，如果我們願意承認現實，並鼓勵他們多多嘗試，才是真的在支持他們成長？讓他們了解，你相信他們有能力讓自己變得更好，也有能力支持別人變得更好。

我們或許不知道未來的職業會是什麼模樣，或是機器會在何時或以何種方式取代特定的工作，但我們能幫助學生以一種超越時間和空間的方式做好準備。利用「ISTE標準」做為指南，讓他們在建立連結、學習，以及全球合作的能力上，變得更具適應性、韌性和同理心。當錯誤真的發生時，這些都能幫助他們找到正確的方式來解決問題。他們將成為有能力的學習者、數位公民、知識建構者、創新設計者、運算思維者、創意溝通者，以及全球合作者。他們將懷抱穩步前進的動力和意願，去學習新的職業或技能，而不是感覺被機器打敗。他們將練習當個教學者，而不是只當個學生。當他們能更有效的教導其他人，在教機器時也會變得更有效果。

身為教育工作者，無論是在課程中融入最新科技，或是完全不運用任何現代科技，你都能幫助年輕人超越自我、迎向未

來。可以給他們一些挑戰，讓他們問問自己可以如何發揮正向的影響力，也許是從身邊的親友開始，然後是當地社區，再到全球性的議題。看看他們在為當地和全球的挑戰尋求解決方案時，同理心能帶他們走多遠。

也可以執行一些與真實情境有關的思想實驗，給定情境然後詢問他們會採取的做法和理由。鼓勵他們去質疑、去找證據來支持自己的主張，嘗試連結看似不相關的不同領域知識，進而找到更好的解決之道。

指引他們去認識那些需要運用多種技能組合的職業及楷模人物。讓他們認識這個世界的多樣性，練習跟那些與自己截然不同的人合作。要求他們嘗試原本可能不會想嘗試的新機會。告訴他們：當你看見一個能讓你發揮影響力、造成正面結果的機會出現，你就應該接受並且去嘗試，即便你覺得自己的影響力很小。

你和學生們將展開一趟AI學習之旅。在這趟旅程中，請記得先前提到的5歲男孩和6歲女孩。請記得他們堅持想解決未知挑戰的態度，請記得他們看到新科技時那種驚奇、希望、興奮和敬畏的眼光，並且請記得仔細傾聽他們想說的話。

附錄

學生版ISTE標準（2016版）

2016年「學生版ISTE標準」的重點在於，我們希望學生能培養一些重要的技能和特質，使他們能順利參與未來的數位世界，並且在其中成長茁壯、自我實現。這套標準的設計在提供教育工作者使用，並適合於各個年齡層的學生，目標是要讓學生在求學期間培養重要的技能。為了充分應用這套標準，學生和教師都要負起掌握基本技術技能的責任。當教育工作者能熟練的指導和啟發學生，協助學生利用科技來擴大學習效果，學生就更能成為自主學習的推動者。「學生版ISTE標準」內容如下：

1. 有能力的學習者

藉由學習科學提供的資訊，學生利用科技主動選擇和達成學習目標，並且展現這方面的能力。學生必須：

　　a. 清楚表達與設定個人學習目標，發展出利用科技達成目標的策略，反思學習過程以改善學習結果。

　　b. 以能夠支持學習過程的方式建立網路和自訂學習環境。

　　c. 利用科技尋求回饋。這些回饋能夠提供資訊和改善他們

的實作；利用科技以各種方式展示他們的學習成果。

d. 了解科技運作的基本概念，展現出選擇和使用當今科技與排除障礙的能力，並且能夠遷移知識以探索新興科技。

2. 數位公民

學生體認到在相互連結的數位世界裡生活、學習和工作的權力、責任和機會，他們的行動與表現方式不僅要安全、合法，也要合乎道德。學生必須：

a. 培養和管理他們的數位身分和名聲，清楚他們的一言一行在數位世界的永久性。

b. 在使用科技時，包括線上社交互動或是使用電腦網路，從事積極、安全、合法與合乎道德的行為。

c. 對於使用和分享智慧財產權的權利與義務展現出了解與尊重。

d. 管理個人資料以維護數位隱私與安全，並且了解用來追蹤線上瀏覽的資料蒐集技術。

3. 知識建構者

學生利用數位工具嚴謹的安排各種資源，以建構知識、產生創意作品，以及為自己與他人創造有意義的學習經驗。學生

必須：

    a. 規劃和採用有效率的研究策略，為他們在創造智慧與創意上找到各種資源。

    b. 評估資訊、媒體、資料或其他資源的準確性、觀點、可信度和相關性。

    c. 使用各種工具和方法，從數位資源中整理出資訊，以創造能展現有意義連結或成果的作品集。

    d. 主動探索真實世界的議題和問題，發展概念和理論，並尋求答案和解決方案，藉此建構知識。

4. 創新設計者

    學生在設計過程中利用各種技術找出問題，然後創造出嶄新、有用，或者富想像力的解決方案來解決問題。學生必須：

    a. 知道並使用嚴謹的設計程序來產生點子、測試理論、創造創新的作品，或是解決真正的問題。

    b. 選擇和使用數位工具來規劃和管理設計程序，這些程序會把設計限制與風險估算也考量進去。

    c. 在循環設計的過程中，反覆研發、測試和改進原型。

    d. 展現出對歧異的寬容，以及處理開放式問題的毅力與能力。

5. 運算思維者

　　學生為了理解和解決問題而研發和採取策略，藉助技術性方法的力量來研發和測試解決方案。學生必須：

　　a. 在探索和尋找解決方案時，為問題訂定適合技術輔助方法（例如資料分析、抽象模型和演算法思考）的定義。

　　b. 蒐集資料或確認相關的資料集，使用數位工具分析，然後以各種方式呈現資料以促進解題與決策。

　　c. 把問題分解成組件，擷取關鍵資訊，發展成各個模型，以了解複雜的系統或促進問題的解決。

　　d. 了解自動化的運作方式，利用演算法思考發展一系列的步驟以創造和測試自動化解決方案。

6. 創意溝通者

　　學生利用適合自己目標的平台、工具、風格、形式和數位媒體，為了各種目的而清楚的進行溝通、有創意的表達自己。學生必須：

　　a. 選擇適當的平台和工具，以滿足他們在創作和溝通上的預期目標。

　　b. 創作原始作品，或是負責任的把數位資源重新利用或重新混合成新的作品。

　　c. 創造或利用各種數位物件（例如視覺化、模型或模

擬），以清楚且有效的溝通複雜概念。

d. 出版或發表的內容，必須是為預期受眾客製化的訊息和媒體。

7. 全球合作者

學生使用數位工具跟其他人合作，在當地和跨國的團隊中有效率的工作，藉此擴展自己的視野與觀點，豐富學習內容。學生必須：

a. 使用數位工具與來自各種背景與文化的學習者產生連結，以能夠拓展彼此了解、增進相互學習的方式跟他們互動。

b. 利用協作技術與他人（包括同儕、專家或社群成員）合作，從多種觀點檢視議題與待解決的問題。

c. 為專案隊伍做出有建設性的貢獻，承擔各種角色與責任，有效的朝共同目標努力。

d. 探索在地與全球議題，利用協作技術與他人合作以研究解決方案。

學生版ISTE標準（2016版）

謝辭

「這些孩子說的話，你聽見了嗎？」

「是的。」他回答。

—— 馬太福音　21:16

　　我要在這裡感謝我的榜樣們，因為他們對我的影響，讓我決定接受撰寫本書這個挑戰。人工智慧是個爭議性的議題，也很少納入代表比例不足族群的聲音，然而讓下一代認識新科技並與其對話刻不容緩，因為這將會直接影響他們的未來。以下我想介紹對我造成深遠影響的榜樣們，他們用身教示範，花時間仔細傾聽孩子們的聲音，關心孩子們想說的話。誠如馬太福音試圖告訴我們的：孩童跟大人一樣具有價值。

　　我的祖母梅爾茲（Florence Merz）就是一位懂得傾聽被成人忽視的孩子的聲音。她用短暫的一生致力於為孩童帶來公平與社會正義，成為走在時代尖端維護弱勢族群的先驅者。在AI新領域，我們需要像她這樣的人來減少新科技帶來的偏見，維持社會公平性。

我的母親葛洛莉亞・齊默曼（Gloria Zimmerman）追隨她母親的腳步，從事特殊教育工作，將其一生無私奉獻給一群有特殊需要的學生。她專注於聆聽學生的聲音（即使有時甚至是無聲的話語），透過自身展現並傳遞出改變人生的積極力量。她擅長接觸那些企圖放棄自己人生的年輕人，他們可能從小經歷嚴重創傷，或是長期受到霸凌與忽視。我的母親總能透過傾聽，賦權使能，幫助他們重獲新生，盡情翱翔。

當我面臨看似無法克服的挑戰，母親問我一個簡單而深刻的問題，讓我繼續堅持自己的理想，為改變教育現況而持續不斷的演講與寫作。這個問題就是：「如果你做的事情能影響無數孩子的人生，那麼你一個人的辛苦又算什麼呢？」每當我想到可以盡自己一份微薄的力量，就有機會改變另一個人的人生，並在未來持續影響更多人，再累，也就不以為苦了。

要不是因為我的父親大衛—保羅・齊默曼（David-Paul Zimmerman），我不會持續學習最新科技。在那個年代裡，他是第一個利用「Commodore 64」電腦打字，然後用點陣印表機列印論文的研究生。在1980年代，他了解到教育結合新科技的重要性，於是他幫家裡添購一台電腦。2008年，他決定改變由我祖母創辦的學校課程，幫助年輕學子接觸最新科技，為未來做好準備。2010年，父親介紹我認識ISTE，甚至主動幫我報名丹佛的研討會，然後告訴我「一定要去」以及「為什

麼該去」。是父親帶領我進入學習的新領域。

波伊倫（Daniel Boirum）鼓勵我持續透過教育幫助年輕人接觸爭議性的主題。2009年，當我第一次在教室裡提供每名學生擁有一台筆記型電腦，同時為他們引進各項學習資源時，波伊倫寫給我一封信，改變我的教學方式。他告訴我，當學生了解到問題沒有單一解答，甚至不知道如何給出答案時，那代表我已經成為一名成功的教育工作者。他的說法提醒我，人性當中總會涉及許多灰色地帶，身為教師的我們當然可以選擇避開、讓學習變簡單，但我們也可以陪伴與引導學生了解問題的複雜性，同時發展出同理心。波伊倫改變了我利用科技進行教學的方式。他十年前的真知灼見、持續不斷的回饋，以及提供直率真誠的建言，深深的影響著這本書的架構。沒有他以及他的小兒子提出的哲學問題：「它是好機器人還是壞機器人？」就不會激發我書寫每一章引言的構想。

穆里亞斯（Adrian Murias）則為我種下一顆種子，讓我知道語言之美與人類情緒都是任何機器複製不來的。他在語言、身分、文化、家族史、DNA和遺傳學方面的討論啟發了本書第三章。他曾經提到有位教師激發他對於科學的熱情，讓我知道教師可以對學生造成如此巨大的影響。穆里亞斯如今是擁有多項專利的發明家，目前他正在革新卡車和引擎的設計。我們的合作始於2013年，到了2016年，當我想要進行一項關於教

育新未來和通用汽車的專案時，他鼓勵我把構想化為現實。當我遭遇網路攻擊以及流言蜚語時，他強力支持我，再一次讓我了解，當有人使用科技在社交平台進行惡意攻擊時，真實世界裡人與人善意連結顯得更為重要。沒有他，本書第六章會大不相同。

我很感激我的兄弟馬修（Matthew Zimmerman），他讓我從閱讀科幻小說中深刻思考人性與科技。他同時促使我開始跟維爾福公司（Valve）合作，在教室裡展開四年對《傳送門2》遊戲的研究。藉由他提出的問題，修正了這本書的思考方向。如果沒有他指點迷津，內隱學習（implicit learning）和知識遷移的概念不會如此清晰。

當人們愈來愈強調女性在STEM領域的重要性，我想指出除了重視性別平等的重要，我們也必須承認男性在STEM和領導方面的觀點對女性發揮的影響力。我就深受索德（Roger Soder）、格魯丁、葛爾、奧斯本、科洛內爾（Fabio Coronel）和索科維茨（Ira Sockowitz）的影響，他們為我提供觀點，重塑我的思考，在我探索學習新疆界感到徬徨不安時提供支持。沒有他們，這本書不會順利誕生。

學習應置於所發生的整體社會文化脈絡裡進行審視。教室裡，每個學習者都具有各自獨特的文化背景，為了協助學生以更有效的方式進行學習，教師需要透過工具的輔助，而無法如

以往一般單靠自己應付排山倒海而來的大量資料。所幸如今我們有了AI，可望成為強化與支持教育工作者的重要夥伴。

AI不會取代教育工作者的工作，能夠成為「支持」教師而非「支配」課程的利器。當我們邁向AI時代的同時，讓我們重新思考身而為人的獨有特質，讓我們一同想像人類社會的未來樣貌，重新定義我們在教育未來世代的目標，然後一起善用新科技，帶著孩子迎向未來。

關於 ISTE

「美國國際教育科技學會」（The International Society for Technology in Education，簡稱 ISTE）是一個非營利組織，跟全球各大教育社群合作，促進科技的使用以解決艱難問題與啟發創新。ISTE相信科技擁有改變教育與學習的潛力。

ISTE設定了大膽的願景，希望透過ISTE標準（ISTE Standards）讓教育轉型。ISTE標準是一個讓學生、教育者、行政人員、教練和資訊科技教育者重新思考教育和建立創新學習環境的架構。ISTE每年會舉辦會議與展覽，這是全世界最有影響力的教育科技盛事。ISTE提供專業的學習服務，包括線上課程、專業網路、全年學院、同儕審查期刊與其他出版品。ISTE也是教育科技主題書籍的主要出版商。

想要了解詳情或是成為ISTE會員，請見：iste.org。也歡迎訂閱ISTE的YouTube頻道，並在推特（Twitter）、臉書（Facebook）和領英（LinkedIn）上追蹤ISTE。

2017年秋天，ISTE獲得通用汽車（General Motors）的多年補助款，支持研發人工智慧在K-12教育領域的新資源。這項計畫的總體目標是要為教育工作者創造可擴充、同級中最好

的專業學習經驗，讓他們把在教室裡使用AI的各種方式的知識傳播出去。另一項重要目標是要讓教育工作者跟代表比例不足的學生族群合作，否則這些學生可能會認為AI跟他們無關，更不用說要探索跟跨領域相關的職涯了。

勞動力所需的技能，跟基本教育和中學後教育所發展出來的技能，兩者之間會有不相符的地方，我們跟通用汽車的合作就是想處理這個問題。透過我們的AI K-12探索（AI K-12 Explorations）線上課程，我們跟超過500位科技協調者（technology coordinator）、教學教練（instructional coach）和資訊科技教育工作者合作，讓他們做好準備，協助以教室為主的教育工作者探索與整合AI科技，進而培養由學生發動的探索，以及在學校環境中的實際應用。

本書英文版是由ISTE所出版，目的在檢視AI是什麼、它的運作方式，以及教育工作者如何利用AI讓學生做更好的準備，以面對人機互動（human-computer interaction）愈來愈多的世界。我們的目標是希望這本書能協助教育工作者讓學生從事以專案為基礎的學習，專心探索以AI技術解決社會中真實問題的潛力，以及AI技術在不同生活層面中的跨學科應用。ISTE要感謝通用汽車的企業贊助（Corporate Giving）部門，以及「全球社會影響力和STEM教育」（Global Social Impact and STEM Education）的經理巴洛奇（Hina Baloch）。

名詞解釋

這份名詞解釋能幫助你理解AI。除非特別注明，否則所有的定義都來自維基百科（Wikipedia）。

AI寒冬（AI winter）

在人工智慧的歷史上，「AI寒冬」是指人工智慧研究獲得的贊助與人們對AI的興趣都大為削減的時期。當初創造這個名詞是類比「核子冬天」（nuclear winter）的概念。AI領域經歷過好幾次熱潮循環，每當熱潮一過，人們開始對其失望與批判，然後是贊助削減，再等幾年或幾十年後，人們又再度燃起興趣。

AI盛夏（AI summer）

當人工智慧經歷一段成長期過後，人們對AI感到興趣、視野拓展的時期。

通用人工智慧（Artificial general intelligence）

「通用人工智慧」是指，機器可以成功的執行任何一項人

類能完成的智慧任務。雖然目前還不存在「通用人工智慧」，它仍是一些人工智慧研究的主要目標，也是科幻小說和未來研究的常見主題。它也被稱為「強AI」或「完整AI」。

人工智慧（Artificial intelligence，簡稱AI）

或稱「機器智慧」（machine intelligence，簡稱MI），是指機器展現的智慧，與人類和其他動物展現的自然智慧（natural intelligence，簡稱NI）形成對比。在資訊科學中，AI研究被定義為智慧型代理的研究：包括任何能夠感知環境，並採取最能達成目標的行動的裝置。口語上，當機器模仿人類的認知功能，而這些功能會與其他人類心智（例如學習和解決問題）聯想在一起，這時就會採用「人工智慧」一詞。

人工神經網路（Artificial neural network，簡稱ANN）

或稱連結系統（connectionist system），是一種受到組成動物大腦的生物神經網路所啟發的計算系統。這類系統藉由考量範例來「學習」任務（亦即，積極改善在任務上的表現），而且通常不需要針對特定任務撰寫程式。例如在影像辨識上，ANN可能學會辨識含有貓的影像，方法是先分析已經手動標示為「貓」或「非貓」的影像，然後利用分析結果辨識出其他影像裡的貓。它們做這件事時，不需要貓的先備知識，例如，

貓有毛、尾巴、鬍鬚和貓臉。相反的，它們從處理的學習材料裡發展出自己的一套相關特徵。

自駕車（Autonomous vehicle）

又稱自動駕駛車或無人駕駛車，是能夠感知環境、在很少或沒有人類介入下就能行駛的車輛。

虛擬化身（Avatar）

在電腦領域，虛擬化身是使用者或使用者另一個自我的圖示。它可以採取三維形式（例如在遊戲和虛擬世界裡）或是二維形式（例如網路論壇或其他線上社群的圖像）。Avatar影像在過去也用來指「個人圖像」（personal icon，簡稱picon），不過現在這種用法已經不普遍了。它也可以用來指在早期系統（如MUD，以文字描述為基礎的多人即時虛擬類遊戲）上出現的文本構造。「avatar」這個名詞也可以用來指跟螢幕上的名稱和化名相連結的網路使用者人格。

基本人際對話技能（Basic interpersonal conversation skill，簡稱BICS）

使用語言進行每日社交互動的能力。

腦機介面（**Brain-computer interface，簡稱BCI**）

腦機介面會在取得大腦訊號之後進行分析，然後將其轉化為指令，傳遞到輸出裝置，以執行想要的動作。BCI不使用一般的神經肌肉輸出路徑。主要目標是幫助有神經肌肉障礙的人，例如肌肉萎縮性脊髓側索硬化症、腦性麻痺、中風，或脊髓損傷的患者，取代或恢復其有用的功能。

CAPTCHA

是「可區分電腦與人類的完全自動化公用圖靈測試」（completely automated public Turing test to tell computers and humans apart）的縮寫，它是一種詰問與回應形式的測試，主要用在計算機領域上以決定使用者是否為人類。

聊天機器人（**Chatbot**）

又稱互動代理人或人工對話實體。是一種電腦程式或人工智慧，能透過聽覺或文字的方式進行對話。這類程式主要是用來生動模擬人類做為談話對象時的行為方式，藉此通過圖靈測試。聊天機器人通常用在各種實用目的的對話系統上，其中包括顧客服務或資訊獲取。有些聊天機器人使用成熟的自然語言處理系統，但很多較簡單的系統只是掃描輸入訊息裡的關鍵字，然後從資料庫裡拉出最符合關鍵字，或是最類似的措辭模

式以進行回覆。

認知學業語言能力（**Cognitive academic language proficiency，簡稱CALP**）

指的是學業成就所需的語言相關能力，其中包括說、聽、讀、寫。

電腦視覺（**Computer vision**）

電腦視覺是資訊科學的一個領域，致力於讓電腦能像人類視覺一樣看見、辨識和處理影像，然後提供適當的輸出。

資料探勘（**Data mining**）

資料探勘是指在龐大資料集中發現模式的運算程序，牽涉到的方法位在機器學習、統計學和資料庫系統的交界。它是資訊科學裡一個跨學科的子領域。資料探勘程序的整體目標是要從資料集裡擷取資訊，將之轉化為可理解的架構，以供進一步使用。

深度類神經網路（**Deep Neural Network，簡稱DNN**）

深度類神經網路是指具有一定程度複雜性的類神經網路，通常有兩層以上。深度類神經網路使用精巧的數學模型，以複

雜的方式處理資料。

深度學習（Deep learning）

是機器學習的一種形式。「深度」指的是網路中單位或「神經元」的層數。

設計思考（Design thinking）

是設計師在設計過程中使用的一種創意策略。它也被發展成為在專業設計工作之外（例如商業和社會脈絡）用來解決問題的方法。

數位人（Digital human）

數位人是電腦產生的人類可動影像。

專家系統（Expert system）

在人工智慧中，專家系統是模擬人類專家決策能力的電腦系統。專家系統的目的是要透過對知識體系的推論來解決複雜的問題，主要呈現方式是「若……則……」（if-then rule）的規則，而不是透過傳統的程序性程式碼。專家系統首創於1970年代，是第一批真正成功的AI軟體形式。

臉部辨識（Facial Recognition）

指能從數位影像或影片來源辨識或確認一個人的技術。

人類知覺（Human perception）

人類透過視覺、聽覺、觸覺、嗅覺和味覺，組織、辨識和解釋來自環境的感官資訊。

智慧型代理（Intelligent agent, IA）

能透過感測器觀察環境並據此行動以達成目標的自主實體。智慧型代理可能很簡單，也可能很複雜；例如，恆溫器就被視為智慧型代理。

語言翻譯軟體（Language translator）

能自動把語言從某種形式轉換成另一種形式的軟體，例如，從某種語言翻譯成另一種，從語音轉成文字，或是從文字轉成語音。

機器學習（Machine learning）

機器學習是資訊科學的一個領域，利用統計技術賦予電腦系統「學習」能力（亦即，逐步改善特定任務的表現），而無需特地為特定任務編寫程式。

機器知覺（Machine perception）

指電腦系統以類似人類利用感官理解周遭世界的方式解析資料的能力。電腦透過連結的硬體接收資料，這些硬體直到最近仍僅限於鍵盤與滑鼠。科技進步讓電腦能以類似人類的方式接收感官輸入。

機器問題求解（Machine problem-solving）

指電腦解決問題的能力。目前機器只能解決預先設定好要解決的特定問題，研究人員正在努力創造能把解決問題能力應用到任何問題的AI。

狹義AI（Narrow AI）

參見「弱AI」。

自然智慧（Natural intelligence）

指人類和其他動物所展現出的智慧，相對於人工智慧或機器智慧。

自然語言處理（Natural language processing，簡稱NLP）

AI的子領域，透過程式設計讓電腦能處理與分析大量的自然（人類）語言資料。NLP的組成包括語音辨識、自然語

言理解和自然語言生成。

類神經網路（Neural network）

參見「人工神經網路」。

神經倫理學（Neuroethics）

神經倫理學關心神經科學在倫理學、法律和社會方面造成的衝擊，其中包括神經技術可用來預測或改變人類行為的方式，以及對大腦功能的機械式理解為社會所帶來的意涵。是一門整合了神經科學知識，以及倫理與社會思想的研究。

知覺（Perception）

原文perception源自於拉丁文「perceptio」，是指對感官資訊的組織、辨識與解釋，以表達和了解呈現出來的資訊或是感知到的環境。

個人助理（Personal assistant）

又稱為虛擬助理，是能夠為個人執行任務或提供服務的軟體代理人。例如：Siri、Google Now、Cortana、以及Alexa。

專題導向學習（Project-based learning，簡稱PBL）

是一種以學生為中心的教育學，牽涉到動態的課堂使用方式，學生可以在其中探索真實世界的挑戰和問題。PBL是一種主動學習和探究式學習，學生要花比較長的時間調查複雜的問題和挑戰並做出反應，相對於以紙張為本、死記硬背或是教師主導的教學法，後者只呈現既定的事實，或是描繪通往知識的平坦道路。

反向影像搜尋（Reverse image search）

是一種以內容為基礎的影像檢索（content-based image retrieval，簡稱CBIR）查詢技術，只要提供CBIR系統影像範本，讓它當做搜尋基礎，它就能找出類似的影像，能有效的去除使用者透過猜測關鍵字或名詞來檢索影像的需求（那些關鍵字可能會得到正確的結果，也可能不會）。反向影像搜尋也能讓使用者發現跟特定影像範例有關的內容、評估影像的熱門程度、找到處理過的版本，以及衍生作品。

機器人（Robot）

儘管定義相當繁多且不盡相同，但大體而言，指的是藉由電腦控制自動導引而能執行一系列實體動作的機器。

自動駕駛車（Self-driving car）

參見「自駕車」。

奇異點（Singularity）

又稱為科技奇異點。是一種假說，指的是人工超級智慧（artificial superintelligence，簡稱ASI）的發明突然引發失控的技術成長，導致人類文明發生難以捉摸的變化。

強AI（Strong AI）

參見「通用人工智慧」。

心智理論（Theory of Mind）

指的是認為自己和他人擁有心智狀態的認知能力。

圖靈測試（Turing test）

由圖靈在1950年研發出來，是一種對機器能力的測試，看它們能否展現出相當於人類，或無法跟人類區分的智慧行為。圖靈提議由人類評估員判斷人類和機器之間的自然語言對話，那個機器是為了產生像人類一樣的反應而設計的。那位評估員知道對話兩方之一是機器，所有的參與者必須彼此分開。對話僅限於文字管道，例如電腦鍵盤和螢幕，如此一來，結果

才不會取決於機器把文字轉化為語音的能力。如果評估員無法確實分辨機器和人類，我們就可以說機器通過了測試。測試不會檢查提供正確答案的能力，只會檢查答案有多像人類會給的答案。

電玩設計（Video game design）

指的是在前製階段設計電玩的內容和規則，以及在生產階段設計遊戲性、環境、故事線和角色的程序。它需要藝術和技術方面的能力，以及寫作技巧。

虛擬促進者（Virtual facilitator）

是電腦產生的角色，目標是要讓它的外觀和行為像是真實的人類。

弱 AI（Weak AI）

又稱為「狹義 AI」，是聚焦在狹義任務的人工智慧。弱 AI 在定義上相對於強 AI（具有意識、感覺和心智的機器），或是通用人工智慧（能把智慧應用在任何問題而不只是特定問題的機器）。目前被視為人工智慧的既有系統，無論是哪一種，至多只是弱 AI。

各章參考書目

　　下方連結為本書參考書目之電子檔案，惠請讀者下載參
考，做進一步的延伸閱讀。

學習與教育217

AI時代的教與學
探索學習新疆界

作者｜蜜雪兒・齊默曼（Michelle Zimmerman）
責任編輯｜陳珮雯、黃麗瑾
文字校對｜魏秋綢
封面設計｜Ancy Pi
內頁排版｜立全電腦排版
行銷企劃｜林育菁

發行人｜殷允芃
創辦人兼執行長｜何琦瑜
副總經理｜游玉雪
總監｜李佩芬
副總監｜陳珮雯、盧宜穗（特約）
資深主編｜張則凡
副主編｜游筱玲
資深編輯｜陳瑩慈
資深企劃編輯｜楊逸竹
企劃編輯｜林胤孝、蔡川惠
版權專員｜何晨瑋、黃微真

出版者｜親子天下股份有限公司
地址｜台北市104建國北路一段96號4樓
電話｜(02)2509-2800　傳真｜(02)2509-2462
網址｜www.parenting.com.tw
讀者服務專線｜(02)2662-0332　週一～週五09:00~17:30
讀者服務傳真｜(02)2662-6048
客服信箱｜bill@cw.com.tw

法律顧問｜台英國際商務法律事務所　羅明通律師
製版印刷｜中原造像股份有限公司
總經銷｜大和圖書有限公司　電話｜(02)8990-2588

出版日期｜2020年9月第一版第一次發行
定價｜480元
書號｜BKEE0217P
ISBN｜978-957-503-677-5（平裝）

國家圖書館出版品預行編目(CIP)資料

AI時代的教與學：探索學習新疆界 / 蜜雪兒.齊默曼(Michelle Zimmerman)作. -- 第一版. -- 臺北市：親子天下, 2020.09
320面；14.8×21公分 -- （學習與教育；217）

譯自：Teaching AI : exploring new frontiers for learning

ISBN 978-957-503-677-5(平裝)

1.資訊教育 2.人工智慧 3.教學法

523.38　　　　　　　　　109013482

訂購服務
親子天下Shopping｜shopping.parenting.com.tw
海外・大量訂購｜parenting@service.cw.com.tw
書香花園｜台北市建國北路二段6巷11號　電話｜(02)2506-1635
劃撥帳號｜50331356親子天下股份有限公司

立即購買 >